新时代社会工作与创新社会治理丛书

力量：社会组织女性创变者的故事

蔡　屹　周海燕　等著

華東理工大學出版社
EAST CHINA UNIVERSITY OF SCIENCE AND TECHNOLOGY PRESS
·上海·

图书在版编目(CIP)数据

力量：社会组织女性创变者的故事/蔡屹等著. —上海：华东理工大学出版社，2019.7
(新时代社会工作与创新社会治理丛书)
ISBN 978-7-5628-5975-8

Ⅰ.①力… Ⅱ.①蔡… Ⅲ.①女性—社会工作—工作人员—生平事迹—上海 Ⅳ.①K825.1

中国版本图书馆 CIP 数据核字(2019)第 154951 号

策划编辑 / 牟小林
责任编辑 / 牟小林
装帧设计 / 徐　蓉
出版发行 / 华东理工大学出版社有限公司
地址：上海市梅陇路 130 号，200237
电话：021-64250306
网址：www.ecustpress.cn
邮箱：zongbianban@ecustpress.cn
印　　刷 / 江苏凤凰数码印务有限公司
开　　本 / 890mm×1240mm　1/16
印　　张 / 9.75
字　　数 / 132 千字
版　　次 / 2019 年 7 月第 1 版
印　　次 / 2019 年 7 月第 1 次
定　　价 / 68.00 元

创变者简介

张灿红：上海闵行区梅陇彩虹妈妈家庭关爱服务中心理事长，曾荣获首届“全国文明家庭”等称号。

倪　欢：上海闵行区江川绿色光年环保服务中心理事长。

叶　雄：上海市禁毒协会副秘书长、叶雄工作室总干事及法人，曾荣获上海市第一届“十大上海工作杰出人才”“中国最美社工”“上海市三八红旗手”“上海市十佳禁毒志愿者”等称号。

何筱琳：上海市慈善基金会项目发展与客户服务副部长，兼任上海浦东新区慈爱公益服务社理事。

卢　宁：克切拉之家发起人之一。

周文秀：上海闵行区莘庄和普青少年服务中心法人，江川社区发展基金会执行秘书长，曾荣获“上海市青年五四奖章”和“上海市优秀志愿者”等称号。

陈　军：上海星雨家庭服务中心法人。

龚　祎：上海看见爱志愿者服务中心理事长、秘书长，曾荣获“中国妇女发展基金会‘超仁妈妈’”等称号。

李淳禛：上海浦东新区爱心树生命关爱中心运营部主任，曾荣获“上海市青年五四奖章”“上海市优秀志愿者”等称号。

陈乐丛：上海乐创益公平贸易发展中心总干事。

序　一

中国的改革开放走过了40多个春秋，由此带来了翻天覆地的变化。就经济层面而言，中国已经成为世界第二大经济体。尽管经济社会发展并不平衡，但社会领域也有了较快的发展，涌现出大量的社会组织，它们在儿童青少年、禁毒矫正、公平贸易、环保、家庭教育、生命教育、社区公益、流浪救助等不同的领域发挥着重要作用。一个重要的趋势是，不少女性投身社会组织的创立和发展，联结社会资源，动员社会力量，提供专业服务，她们是社会创新的引领者。

有鉴于此，蔡屹老师和一批硕士研究生记录了10位社会组织女性创变者的生命故事。创变者是指用创造力介入社会问题，带来美好改变的人(Drayton W, 2006; Bornstein D, 2007)。通过深度的访谈，回顾了她们投身社会组织发展的历程，并由此折射出社会的脉动和时代的变化，在政府、市场和社会交织的语境之中定位女性的成长与发展。我们见证了她们生命历程之中的追求、认同、困顿、忧虑与喜悦，这样的叙说不仅关乎个人和性别，也关乎社会组织，更关乎国家与社会。在个人的生活史背后，我们可以看到社会组织的集体行动是如何一步步撑大"社会"的空间，"个人"与"社会"如何一起成长，这是中国社会结构变迁背景下的社会组织的"发展叙事"。这10位女性是参与者与亲历者，她们叙说、铺陈的是社会组织发展叙事中真切的、鲜活的片段与个案。我要对她们的追求与使命表达敬意，因为学术界无论是从理论上讨论"社会建设"抑或是"建设社会"，都是"她们"或"他们"的身体力行，才使得"社会"从理论转化为实践成为可能。

我要感谢蔡屹老师和同学们为本书付出的努力，这是记录个人与时代变奏曲的重要尝试。我希望更多的青年人在阅读本书之后，愿意投身社会组织的发展，因为只有更多的社会组织涌现，并致力于回应经济社会发展不平衡、社会服务体系发展不充分这一时代课题，我们才可能建构一个“有力的社会”。

何雪松

2019 年 1 月于上海

序　二

近年来，女性成为我国公益工作的主要践行者，主要表现在三个方面：以女性为服务对象的社会组织数量增加，社会组织主要负责人为女性的比例较大，以及女性志愿者的比例较大（周秋光，贺蕃蕃，2016；张劼颖，2015）。本书将目光投向10位社会组织的女性创变者身上，记录了她们从事公益慈善事业的生命故事，从而为我们从社会性别视角理解女性参与、引领公益慈善社会组织的现象提供了非常丰富和有价值的第一手资料。

从历史上讲，“女性”和“慈善”是一个夹杂着性别和阶级的故事。女性从事慈善事业主要源于“女性的美德”：乐于牺牲、有爱心、会照顾人（Shi，2018；Lindenmeyr，1993）。同时，慈善事业的参与者多为精英阶层的女性。但即便如此，中上层女性能参与到慈善事业之中，也是特定的社会、政治、经济、文化背景所决定的。比如说，在传统中国，中上阶层女性的活动空间多限于帷幕之后的“私人领域”，只有穷苦之家的女性因生计所迫，才参与公共领域的劳动。到19世纪末20世纪初，就当时的民族主义者所追求的西方现代性视角而言，将女性拘于帷幕之后是落后的表现。因此，“慈善”成为中上阶层女性参与公共领域的一个重要途径（Shi，2018）。这个故事套用到今天，仍然适用。在本书的10个故事中，多位创变者不断谈到女性的特质使得她们适合从事公益慈善事业。比如，“内心柔软”“稳健、踏实、喜欢细水长流的方式”“有怜悯心、更细腻”，等等。而从结构性背景来讲，近年的社会经济转型、政治体制的改革和相关法律法规的完善，使得社会组织的大规模存在成为可能，这也是这些女性能在近年建立社会组织最重要的社会背景。

今天的女性参与社会组织，和传统社会精英阶层女性的参与有着不一样的意义。虽然对一两百年以前的精英阶层的女性来说，参与慈善也意味着走出家庭，参与到公共领域之中去，但今天中国女性对社会的引导和参与，一方面是对“私人领域”的重新强调，另一方面是实现“私人领域”和“公共领域”的重新联结与互通，这对当今的中国意义非凡。

本书所记叙的女性们，正是从“私”出发，从自身和家庭的生存境遇出发，竭力追求一个从“私人领域”到“公共领域”的跳跃，打通“私”和“公”之间的隔离。从她们的故事中，我们看到，她们的所作所为更多地落脚在“公益”，而这些行为的出发点往往是她们自己和家庭的需要。在此基础上，她们进一步实现从“私”到“公”的跨越，由“我的经历”延伸至“他人的经历”，从而服务于他们。这一步实现了从“修身、齐家”到“治国、平天下”的跨越，更好的是，这一步跨越又反哺回来，进一步充实和完善了“私人领域”。多位创变者提到，参与到公益事业后，她们个体自身得到成长，家庭关系也得到了改善。

可以说，10 位女性创变者在公共领域的活动实际上是她们在私人领域活动的一个延伸，而“公”的参与又反哺了“私”。对她们来讲，“私”和“公”是互动的、互促的。她们贯通了“个体”“家庭”“社区”“社会”“国家”之间的路径，重新开启了“私”领域和“公”领域之间互动互促的关系。

黄玉琴

2018 年 12 月于上海

前　言

2006年，党的十六届六中全会通过的《中共中央关于构建社会主义和谐社会若干重大问题的决定》中提出要健全社会组织，“发挥各类社会组织提供服务、反映诉求、规范行为的作用”，社会组织的研究逐渐成为学术界与实务界的热点。

社会组织的快速发展与国家经济转型、新公共管理运动、政府改革、全球治理等因素息息相关。上海是全国改革开放的前沿，经济社会发展走在全国前列。在上海，政府和相关职能部门给予了社会组织较为完善的政策支持。例如，2008年，上海浦东新区着力完善社会组织管理服务网络；2009年，针对社会组织较为薄弱的财务管理问题，杨浦区民政局（社团局）依托税务师事务所专业团队力量，为全区公益性社会组织提供试行记账代理援助的服务（孟若愚，2013）。

本书中的10家社会组织均来自上海，服务领域涵盖禁毒矫正、公平贸易、环保、家庭教育、生命教育、流浪救助等。在关注社会组织的同时，我们将性别视角引入社会组织的研究中。2017—2018年，我们记录了10位社会组织女性创变者的生命历程。在个体层面，我们关注创变者的教育背景、职业历程、机构创办契机、机构运营管理模式，以及个人的公益认知与情感，真实呈现她们的动因、所需要具备的个人特质，以及所遭受的困境与挑战。在家庭层面，我们关注其家庭成员，尤其是配偶的态度、角色与功能。同时，我们也聆听女性在参与公益创业后，其家庭角色与地位的保持或变化，以及她们又是如何去看待自己这一角色的。在社会层面，我们关注女性创变者在创办社会组织过程中是如何与政府部门互动并获取支持的；在社会组织创办后，她们又是如何获取政府资源？在组织层面，我们聚焦于这10位创变者是如何去构建其组织的良好生态系统，包括资金筹集、项目运作、人员管理、外联合作与使命愿景五个方面。当然，无论是个体还是家庭，它们都无法独立地存在，因此，我们以女性创变者为中心，通过其对自身生命历程的阐述去发现个体、家庭、社会与组织之间的互动。

每位创变者通过叙述创办社会组织的经历，反思自身在公益领域的体验，无不展现出她们对公益的认同与热爱，对自身社会使命的追求与践行。她们的处境、关注与感受未必完全相同，但她们对公益的理解与坚持却有着相似的基调——坚守初衷、坚定信念、投身社会。

我们衷心地希望本书能够为女性在社会组织领域的发展提供新的视角，我们也期待本书能够吸引更多的女性参与我国的公益事业，共同开创我国公益事业的新局面。

蔡　屹

2018年12月于上海

目 录

彩虹妈妈[①]：用全部光亮温暖“星儿”

每种色彩　都应该盛开
别让阳光背后只剩下黑白
每一个人　都有权利期待
爱放在手心跟我来
这是最好的未来
我们用爱　筑造完美现在
千万溪流汇聚成大海
每朵浪花一样澎湃
每个梦想　都值得灌溉
眼泪变成雨水就能落下来

① 上海闵行区梅陇彩虹妈妈家庭关爱服务中心，简称彩虹妈妈，于2015年正式注册为社会组织。彩虹妈妈致力于帮助心智障碍者的家长充实精神生活，提高生活质量。

每个孩子　都应该被宠爱

——摘自歌曲《最好的未来》

忙完一天很疲惫，于是我通过唱歌来舒缓压力。我经常深更半夜一个人在紧闭门窗的厨房里进行“K 歌”。

儿子患孤独症

1989 年，我意外地怀上了第二个孩子——小伟（化名）。他长得非常帅气，眼睛大大的，皮肤白白的，出院小结中医生的评价都是满分。从医院回来后，全家都沉浸在幸福中，并设想着孩子的将来会是怎样的美好。当年我坐月子时，月嫂还较少，但是我丈夫的一位老邻居阿姨主动来照顾我，整整两个月，这种待遇在当时是很少见的。月子里看着儿子一天一个样，白白胖胖的，我心里有着藏不住的喜悦。

为什么这么难带

两个月过去了，我便开始自己带孩子。但我发现他似乎和一般的小孩子不太一样，很多现象都让我觉得他特别难带。4 个月大的时候，小伟突然就不喝奶了，就算我把奶瓶放到他嘴边，也不会主动去吮吸，有时候半天都不吃东西。家里的老人便提议，既然不喝奶那就改吃米粉吧。就这样他并没有像其他孩子那样经历艰难的断奶历程，而是自动就断奶了。我曾经也把儿子托付给我妈妈和婆婆来带，她们带了一段时间后就对我说：“这么顽皮的小孩子，我们带不了。”比如，他不知道危险，会爬到很高的地方或者过马路从来不看红绿灯。有时候她们跟他讲话，他也是听而不闻，所以老人们也就变得很紧张。

于是，我就辞掉了工作，自己开始在家全职带孩子。当时我还没有太多地去思考这些问题，但是随着小伟一天天长大，“不一般”的事情越来越多。

例如，他不像一般的孩子那样去睡觉。在三四个月大的时候，小伟就不再午睡，而晚上也开始变得很难入睡。尤其是在 1 岁之后，“不一般”在睡觉上表现得尤为明显，他不知道闭眼睛，当我们哄他睡觉的时候，他一直都是睁着眼睛的，等到困了才闭上眼睛。他不像一般的孩子叫爸爸妈妈，直到 2 岁他还没有学会叫爸爸妈妈，甚至后来对我们也视而不见、听而不闻。而对于像变压器这样的声音，他会特别害怕和紧张。有时候外面放鞭炮了，他会特别紧张，又哭又闹、歇斯底里。他也不像一般孩子那样玩玩具，对于所有的儿童玩具他都视而不见，但他喜欢转锅盖，而且转得特别溜，就像一位杂技演员。那个时候，我们没有人知道这些行为背后的原因，因为一切医疗检查都证明他的各项指标都正常，我还曾以为他是天才。

“孤独症”到底是啥？

我每天都在观察他的生活，我在他两岁的时候发现他与其他孩子不同，他的顽皮并不像婴幼儿那样，而是另一种并不常见的行为。比如说教他搭积木时，他完全不听，也不看我，重复地把积木摞高然后推倒，乐此不疲。但是不论你说什么，他都是不听的。他也不会坐下来学习，主动性很差。后来，我就发现他总是很机械地做任何事情，根本没有自主学习的能力。这一刻我再也无法等待了，便和老公一起带着孩子来到了儿童心理精神科找医生。经过不断地检查，医生和我说：“你孩子是孤独症①患者。”不像现在的家庭一听到自己的孩子被诊断为孤独症后就无比的绝望，当时的我们因为根本不知道什么叫“孤独症”而表现得极为淡定。我便问医生：“那我孩子以后会怎么样？会好吗？可以正常地上学和工作吗？”而医生只是告诉我们：“孤独症是一个世界性难题，我也不知道以后会如何。我只能根据现有文献和国外的一些资料来判断你的孩子是孤独症，因为在孤独症的 17 个临床表现

---

① 孤独症（autism），又称自闭症或孤独性障碍（autistic disorder）等，是广泛性发育障碍（pervasive developmental disorder，PDD）的代表性疾病。《精神障碍诊断与统计手册》将 PDD 分为 5 种：孤独性障碍、Retts 综合征、童年瓦解性障碍、Asperger 综合征和未特定的 PDD。其中，孤独性障碍与 Asperger 综合征较为常见。（资料源自百度百科）

中，他已经占了13条。”

医学并没有告诉我们到底什么是“孤独症”，但那时候我就觉得他脑子是没有什么问题的，因为他很聪明，记忆力特别好，小人书上的东西能够百分之百记住，而且只要我拿一本书出来问“老虎在哪里”，他就可以自动翻到老虎那一页。当时，我就觉得很奇怪，我想是不是因为他太孤独了，是不是因为我和他爸爸很少带他出去，所以他才患上了孤独症。但实际跟孩子相处之后我才发现并没有想象中的那么简单。

被延缓的成长

没有药物，也没有其他任何的治疗方法，我们只能回家。孩子一天一天地成长，我心里总会想着也许哪一天突然就会好了，但现实中出现的一件件事情，让我慢慢地认清，并没有那么简单。他不知道指尖轻点，只知道用手去砸；他不知道如何去爬，只会匍匐前进；他也不知道什么叫危险，只知道一个劲地往前走……他的任何行为都和一般孩子不一样！

后来我知道他任何的行为表现都需要我去教，如果不教的话，他就会表现得和普通孩子不一样。当我们说模仿是孩子最好的学习方法时，孤独症的孩子却并不懂得如何主动去模仿与观察，很多细微的举动需要通过不断地演练。记得我们帮小伟练习过马路，真的是全家齐上阵。我和小伟的爸爸各自把守斑马线两头，一遍遍引导他绿灯亮了再过马路。有时候我会让他一个人出去，然后在后面偷偷地跟着他，看他是不是能应对路上遇到的问题。偶尔碰到街边的车祸时我会把他带到现场，告诉他如果不遵守交通规则就可能遭遇这样的后果。终于，在小伟14岁的时候，我开始放心让他独自出门。生活中每一件细微的事情，我和小伟的爸爸都必须非常细致重复地去做，只有这样他才有可能学会，才有可能掌握独自生活的技能。

孤独症，孤独的是家长

没有医学支持，我只能选择自己去摸索。为了治疗，我尝试了很多方法，只要周围人一说可以试试看，我都会像抓住救命稻草一样，什么都会尝试，但什么都没有用。

最后我彻底明白了，孤独症在残疾类型中是最严重的，没有任何生物医疗手段可以治疗，只能慢慢进行干预。孤独症的孩子，他就好比一台机器，外表根本就看不出什么问题，他好像什么都是完美的，但大脑是不行的。他无法坐下来自主学习，也无法听懂和他说的一些事情，完全不懂社会上潜在的"游戏规则"，在每一个阶段都会出现"执着的重复行为"。4 岁的时候，他好像跟家里的碗、调羹有仇，看见了就要往水泥地上砸，砸碎了哈哈大笑，乐此不疲；5 岁的时候，他突然不许我们睡觉关灯，一旦醒来看见灯是暗的，就会歇斯底里地大闹；后来他又迷上了把家里的东西往窗外扔，扔完了就撅着屁股等我打……

在生活中，我没少跟邻居赔礼道歉。可以说那几年，道歉几乎成了我的口头禅，但还是会被误解，被认为"太惯孩子了"。一直以来，我都希望能有更多的人认识这一群体，去了解他们的生活，因为只有这样，孤独症的孩子才能正常地走进社会，去获得自己的生活。但每一次的尝试都是困难的，因为我找不到任何人的帮助，很多人都不能理解。这时候我才知道，孤独症，孤独的是家长。

原来有这么多家庭

有没有跟我一样的家庭呢？

诊断后的半年里，我就一直在想"有没有和我一样的家庭呢"。因为问题一天比一天棘手，一般的家庭是随着小孩的长大苦尽甘来，而我们却是相反的。孩子越大，问题越多也越棘手，而我根本就无从下手。我没有办法找到资料去解决发生的问题，所以我就想找到同样有孤独症孩子的家庭，看看他们是怎么做的。

1993年，我家没有安装电话，在这种情况下，我只能写信。我当时就写信给北京一家叫“星星雨”的机构，这是中国第一家孤独症教育研究所。在信里，我说：“我来自上海。你们那里有没有上海孩子的家长？可不可以给我提供一些信息？”写完信后，等了好久也没有收到回信。我又找到某脑科医院，它是一家专门给小朋友的脑部发展进行药物治疗的医院。就这样，我在医院里认识了另一个家庭的成员，她的孩子比小伟小1岁。我就根据她留在医院的地址，找到了她家。我们便开始保持联系，偶尔串串门，交流孩子的状况。

我们要走到一起

1993年的时候，可以说我对孤独症的认识已经是比较清晰了。在和儿子的朝夕相处中，我也观察到了孤独症的很多临床表现。但是在1993年10月，我在《新民晚报》上看到“某卫生中心可以治疗自闭症（孤独症）”的消息，没有考虑能不能治好，我就直接带着小伟去了。当时看到这则消息的人除了我还有很多其他家长，大家都聚到了那里。就诊的过程中，医生也详细地问了每一个孩子的临床表现，最后只是给我们开了两服药。

回到家后，我按照医嘱给孩子吃了药，发现孩子昏昏欲睡，除此之外没有任何的改观。我心里总觉得这其中有问题，庆幸的是，我在看病的那天就收集了当天来看病家庭的联系方式。然后我就一个一个打电话，问他们“你们小孩子吃完那个药之后，有什么反应”。一问才知道，大家的孩子吃完药后都这样，有的小朋友吃完药后还一直流口水，这个时候我们才知道卫生中心的医生们也不知道如何治疗孤独症，他们是想通过不同家庭对孤独症临床表现的描述去研究这个疾病。于是，我们便一致觉得不能再吃这个药了。也是从那次之后，所有的家长都意识到我们走到一起很有必要，大家需要相互交流、相互分享。我就与第一次认识的那位家长开始牵头，和大家走到了一起。那时候还是由我来负责通知和组织活动，有电话的就电话联系，电话联系不到的，我就直接写信通知。就这样一步一步，我们才开始一个个联系起来，不再是单个行动。

1995 年，开始一起做事

1995 年，华东师范大学心理系的老师在做一个关于自闭症的课题，通过一些渠道找到了我，希望能够找到更多的自闭症家庭。我就带着华东师范大学的老师和学生开始走访这些自闭症的家庭。也就是在这个时候，我们的这个小团队虽然没有注册登记，但已经开始在做一些能够帮助到这个群体的事情，或者说在配合那个研究课题的同时，开展了关于自闭症的社会宣传。

其间，课题组找来一位日本的专家，我们家长就都赶着去听课，真的是抱着无限的期望，想着专家总会有更好的办法。听完后我发现专家讲的跟我们想象的根本不是一回事。他讲的是孤独症的历史、由来以及美国精神科医生如何将孤独症从精神分裂症里分离出来的，等等。但是当时只和我们讲这些是没用的，对我们来说，我们要去解决问题，我们要过日子，我们要知道如何才能提高生活质量。

那个时候每一个家庭还是以带自己的孩子为主要任务，但在这个过程中，一传十、十传百，队伍逐渐壮大。后来，我们的队伍里也开始有明确的分工了。家长中有当老师的，平时工作很忙，但业余的时间，她会帮大家打印一些国外翻译过来的资料。每一个家庭都在学习如何做才能更好地为孩子服务，所以我们也算是群策群力、能者多劳、有力出力、有钱出钱。

不同的教育模式

慢慢地，很多家长就和我一样意识到了孤独症根本就没有药物可以进行治疗，而是要用行为干预。行为干预就是需要家长自己在孩子的生活当中，在不断出现的问题中摸索，这样才能有获得康复的可能。但是因为每个家庭的教育方式是不一样的，最后孩子的康复效果也是不一样的。

我比较注重行为干预，属于实干派。当时我之前的单位有个同事的叔叔在美国当精神科医生，我有问题就咨询他。他告诉我说："你孩子的孤独症是一个终身的残疾，是基因突变导致的，非常严重，可以算是残疾当中最严重的，所以你需要做好一辈子的思想准备。在治疗上，行为干预是相对比较合适的。"所以我就抛弃了任何不切实际的希望，在生活当中开始脚踏实地，遇到什么问题就解决什么问题。印象比较深刻的就是孩子的睡觉问题得以解决。有一段时间不知道为什么，他总是不好好睡觉，无法入眠。我当时就一门心思去研究这个问题，在想到底是什么原因导致的呢？后来观察了很久才发现，原来患孤独症的孩子，他的思维系统和一般孩子是不一样的，他体内的荷尔蒙或者说信息处理系统都是异常的。比如，他睡觉之前的行为和思维必须是程序化的，如果他今天睡觉之前喝了一口水，而明天睡觉之前做了其他事，那么他就会觉得这个程序不一样了，他会感到很不安，从而导致无法入眠。发现原因后，我就开始给他设置固定的睡觉程序，然后他就安心了，可以睡着了。后来，我就反思，正常的孩子晚上也会哭闹。而当出现哭闹的时候，就说明一定是身体某一个部分出现了问题，那么就需要科学地调节。

也有家长更偏向教条主义，完全按照书本上的去做。比如，有的家长经常与医生保持联系，把孩子的日常生活举动记录下来交给医生，再由医生提出指导方案，告诉他应该怎么做，不应该怎么做。或者就是在家教孩子如何上课，如何学习一些才艺。看到这种情况，我就觉得我们采用的是完全不同的康复模式。其实我不太认可这种方法，因为我认为小孩子应该由家长带而不是由医生带。同时，在我看来，针对孤独症孩子，我们首先要教会的是基本的生存能力。比如，从小开始学如何吃饭、穿衣服、自己洗澡，而不是每天去做跟生活没有关系的事情。患孤独症的孩子原本就是机械性思维，每天让他做重复的劳动，他会很开心。就算他知道了如何上课，可在生活中仍然不懂如何系鞋带、如何穿衣服，以及不知道什么是危险，那对他来说生活还是困难的。他不会因为熟悉某个动作，就可以应对一个人的生活。很多事实也证明了一些家长的教育理念是失败的。最直接的就是，他们的孩子可能一直都无法上学，只能一天 24 小时被看着。所以我一直强调干预治疗中的功能康复，也在儿子身上不断实践。

小伟现在学会的每一个动作、恢复的每一个功能都是我和他父亲在对他进行重复训练后形成的。从 3 岁开始一直到现在，我们都在教他如何一个人待在家里，如何一个人外出。刚开始的时候，我就让他一个人在家里坐两分钟，两分钟完成了再增加几分钟，就这样一分钟一分钟地延长，所以到后来他完全可以一个人在家。然后又教他开门，不知多少次地告诉他“当有人按门铃的时候，你要先从猫眼看一下，如果不认识，你就不要为他开门。”但是后来，家里有很多送快递和送外卖的，都是不认识的，我们就只能告诉他“任何人按门铃，你都不要开门。”每当我回家叫一声“小伟”，他听到我的声音就会来开门。所以，他慢慢地学会一个人在家，没出现意外，甚至还可以给自己做饭吃，这本身就是一种康复。

总有办法能解决

家长联谊会

随着时间的推移，1996 年的时候我们就想成立一个家长联谊会。当时对这一切都不是很懂，所以就简单地以为只要家长们一起开一次会就算成立了。那天，我们邀请了当时教育局的相关负责人，告诉她“我们想成立一个家长联谊会。”她说：“不可以的。你们这是非法组织，不能成立的。”没有得到认可，我们也不是很懂如何成立社会组织，而且也没有专门的人员去筹备这个事情，所以就不了了之了。但是当时我们的团体已经有 100 多位家长了，虽然没有直接成立家长联谊会，但大家还是继续这样坚持着。我和另外一位老师成为核心家长，像我们这样的核心家长有 11 位。可后来，随着孩子越来越大，出现的问题也更加严重了，不再像小时候那样可以由家长控制。那个时候，不同家庭之间的矛盾开始出现了。一方面，小孩子长大后（尤其是青春期）真的很闹，家长根本自顾不暇，更不用提享受自己的生活或者说招待客人；另一方面，教管方式的不同，使得每个孩子的康复情况都不同，行为也有很大的差异，有的孩子康复得比较好，而有的孩子康复得比较差。相互一比较就发生了不开心的事情，有的家长就会说："怎么觉得你们小孩这么乖呀，我这小孩怎么这样？"家长心态的不平衡和繁重的家务让这个联谊会的成立暂缓。

互助会

我一直没有放弃过，因为在那个时候不论我与外面的人如何解释孤独症，他们都是无法理解的，他们根本不知道孤独症，也不愿意接纳孤独症。当时也没有任何社会资源，就只能靠我们自己抱团取暖，也正是因为这个组织，很多家长才感受到了"家人"的力量，才有勇气把心里的苦说出来，才能慢慢地走出孤独。我和家长们说："我们叫家长互助会，不成立没有关系，我们互助总可以吧？互助，大家互助。"就这样，互助会成立了。我们仍然组织活动和共享资源，如外出郊游、请有经验的人来分享，但一直都是处于变动中，没有固定的活动场所。有时候，我们将活动场地设在公园里，一旦遇上下雨，活动就只能被取消，也就没有下文了。那时候做活动真的很困难！我们还不敢一个人带着孩子外出。因为会很害怕孩子乱跑，怕他不懂规则，眼睛一眨就出状况，外面的人不了解，就会指责我们家长没有教育好。我们很多时候就会很苦恼，真的是有口难辩。我是属于心理承受能力特别强大的，经常会去和人家解释，但往往这个解释是很苍白无力的，因为从外表来看，这孩子并没有什么不同。有些患孤独症的小朋友长得很好看，所以很多人就会觉得我的解释只是一种托词，肯定是自己在家庭教育方面没有做好。直到 1997 年，我们组织了第一次集体外出郊游。当时大概有十几个家庭参加，场面非常混乱，没有专业人员指导，家长们也不知道如何进行行为干预。但我当时就觉得这样也好，因为只有让孩子们出来，让大家看到，整个社会才能了解孤独症患者是一个什么样的生命形态。

我把自己的房子贡献出来作为场地。房子还是比较小的，只有 30 平方来的一居室。消息放出去后，就陆陆续续有家长带着孩子过来了。不论是生活中遇到困难，还是心情不好，这些都会找我谈谈，就把我家当成了一个俱乐部。但随着孩子长大，他们的破坏能力也增强了。家长带着孩子到我家之后，孩子们就一会儿把东西扔到马桶里，一会儿把剃须刀弄坏，家长真的是管不住他们。

我想有个家

2012 年的时候，我丈夫就退休在家了。没办法，这个“根据地”不能再继续了。但是一路走来，我一直都清楚家长们是非常需要这个平台的。这些家长因为有了这样的孩子，无论在家庭关系上，还是在精神压力上都和其他家长不一样，更容易因为孩子出现矛盾，产生精神压力，甚至有很多家长因此而抑郁。那么我就想，既然家长们都这么需要这个平台，我们是不是可以向政府或者社会申请一个场地，成立一个家长俱乐部。

我先是和上海相关部门的工作人员联系了。我就和他说：“我们想成立一个组织，好让我们这些患孤独症的孩子的家长们平时可以聚在一起交流。”但他当时就说：“你们这样是非法组织，要不去找残联吧。”然后，我就又去找了残联，提出了我们的诉求。残联就和我们说：“你们现在不是一个正式组织，我可以说你们是非法组织，但你们可以注册。”那时候，我们就想，注册后就需要专职人员来管理这个机构，需要有专门的管理制度，但是每一位家长都需要照顾自己的孩子，哪里有时间来做这些事情，所以也没有选择直接注册。没有注册，就还是这样到处奔波，活动场地有时候说变就变。后来，我们又上了一次电视节目，在那次采访中，我们就呼吁“我想有个家”。我们把所有家长这一路走来的艰辛都在电视节目上说了出来，想让更多的人关注我们，知道我们所做的是想给予这些家庭一些关爱和支持。

彩虹妈妈工作室

之前的呼吁没有得到响应。到了 2013 年，我不想再继续等待了，没有丝毫犹豫，直接把自己两万块钱的退休工资拿出来，找了一间房子，租了半年，取名“彩虹妈妈工作室”。刚租下来的时候，房间里什么都没有。我想只要能有个固定地方供家长们一起活动和交流就好，所以只在房间里放了个三人沙发、一个茶几以及一盆花。沙发还是有人特意捐赠的。

一周以后，家长们听说彩虹妈妈工作室成立了，真的找了过来。当时就有一位妈妈带着自己18岁的儿子从宝山赶了过来，因为那位妈妈把这个工作室看作孤独症孩子的托养所，抱着我能够解决她的后顾之忧的期待找到了我。见面后，我很理解这位家长的心愿，因为这是每一位家长的心愿，但我们还是就工作室的功能进行了讨论，澄清彼此的期望。虽然无法满足那位家长的期望，但是她过来，我至少能提供一个可以坐下来聊聊天的场所。在这里，家长和孩子们都不用拘束，因为它像自己家一样，我们不用担心小孩子因太顽皮而弄坏了家具，也不用担心会遭到其他人厌恶的眼光。我会和每位家长谈心，帮助他们缓解那份一直存在心底的压力，让他们感受到被理解。但同时，我也会告诉他们，任何福利都是要靠自己争取的，彩虹妈妈工作室只是一个平台。他们可以把诉求告诉我，通过这个平台，我们来与政府沟通。那一年，我们还是抱团式地存在着，有活动了，每个人出30元；有任务了，方便的家长自告奋勇地来完成；有困难了，带到这里，大家一起出谋划策给解决；心情不好了，也可以来这里找彩虹妈妈宣泄。那一年，这个看似不起眼的小地方，真的解决了很多看不见的问题，让我们家长都感受到了温暖。

磕磕绊绊，算是又上了个台阶

组织：总算成立了

2015年，当我再次向政府申请时，便通过了审核，成立了上海闵行区梅陇彩虹妈妈家庭关爱服务中心。跌跌撞撞20多年，从联谊会到互助会，再到工作室，最后我们总算获得了政府的认可，成立了真正的社会组织。

组织的成立并非我想的那么简单，不是说换个名字就可以了。首先需要的就是一个专门的管理团队，可以没有专职人员，但理事会成员还是需要很严谨地考量。经过讨论，彩虹妈妈也就形成了 4 位理事、1 位监事、1 位主任和 2 位财务人员的管理体系。我担任法人兼理事长，负责机构大大小小事情的安排以及主要的外联活动。白玉老师任钢琴老师，也是理事之一，她有自己的专职职业，但她每周都会来给孩子们上一次课，每年也会负责策划一场专门面向孤独症孩子和家长的儿童音乐剧。另一位家长炯爸担任主任，平时一些具体活动的组织与安排大多都是他来通知与筹划。另外两位理事在有任务的时候会一起帮忙，但平时个人的事务也比较多。

组织成立了，团队也有了，但没有使命与愿景。很多外面来采访我的人都会问：“你们彩虹妈妈的使命与愿景是什么呢？”我就说：“我们没有使命与愿景，我们只想脚踏实地，力所能及地去做一些事。”我一直觉得使命与愿景是我们达不到的，因为我们有局限性。比如，今天下午我要去开会，但孩子突然不好了，我就不能走，就要留下来解决孩子的问题，不能把他扔下去开会。尽管没有成形的使命与愿景，但我们还是一直在努力着，脚踏实地为每一个孤独症孩子服务。

服务是多样的

现在，彩虹妈妈有很多项目。一类是为孩子们的健康与融入社会准备的，比如同济牙科、手工劳技课、涂鸦、尤克里里、非洲鼓和儿童音乐剧等；另一类是支持家庭和家长的，主要是家长交流会与喘息服务[①]。不论是人员构成，还是具体的服务项目，与其他社会组织的都不太一样。

---

① 喘息服务起源于 1970 年，最早出现在美国，其英文是 respite care，中文被翻译为喘息服务、间歇护理服务、临时性照顾、暂时性护理等。服务方式就是暂时将居家照顾的老人送到喘息服务机构，由专门人员照顾几天后，再由其子女接回家继续照顾。服务的目的是给居家照顾老人的配偶或者子女一点“喘息”时间，防止其产生情绪上及生理上的耗竭。而目前，喘息服务已经不仅是老年服务的一部分，同时也进入了儿童青少年服务、残疾人服务等领域。

总的来说，我们的服务有三种类型。第一种是自己为自己服务。这一类服务可以说是孤独症儿童家长们自发的自我服务，有家长之间的交流会、线上的育儿经验与生活正能量分享、结对出游、照料者喘息服务以及日常游戏。其实，彩虹妈妈就像每一个孤独症家庭的娘家，当家长们的生活压力过大了、情绪过激了或者家庭关系产生矛盾了，都可以来这里把心里的苦与累讲出来，获得安慰与喘息，重新燃起生活的动力，再出发。

第二种是长期性志愿服务。现在与我们合作的长期性志愿服务主要是三个：同济口腔项目、冠军溜冰场服务和理发服务。当年有一位年轻的志愿者来参加我们的一个活动，他刚好又是同济医学院的工作人员。在活动的过程中，他发现孩子们因为不好好保护牙齿，出现了牙齿坏掉的现象。对孤独症孩子来说，看牙成了一个老大难问题，烂掉了都没有合适的地方治疗。之后，他就把这个问题反映给了医院团委。没过多久他们就来找我，最开始连合同都没有，孩子们只要去同济牙科挂号，然后就可以免费看牙。后来越做越成熟，我们也形成了一个统一的流程，并安排了专门的负责人员——炯爸。每次去看牙之前，炯爸会在我们专门的群里发信息，给出限定的名额，然后等大家来报名。到医院之后，炯爸就把报名的名单整理好交给医院，家长只要带着孩子去找医生就好了。口腔医院一直都很忙，但是不论什么时候，我们只要组织好去就都能准时看上牙。冠军溜冰场就是大世界附近的一个青少年活动场所，场地的老板专门在周二晚上为我们免费开放，有空的家长就可以带着孩子过去玩，这个志愿服务也持续了很久。最后就是我们的理发项目，这个可以算是我们不成文的项目了。有一个理发店的老板经常会来问我："你们要不要理发？"然后我就会统计这个月需要理发的孩子，再和理发师约定一个时间。到了理发的那一天，老板就会把工具带到小区的老年活动中心，这个场地特别好，空间大而且还是独立的，很方便家长带着孩子过来。我们已经享受这些志愿服务好几年了，似乎也成了每一个孤独症孩子及其家庭的生活中不可或缺的一部分。

第三种是专业团队服务。彩虹妈妈一般不轻易和其他社会组织合作，因为总怕彼此的理念不同而发生矛盾，但牵手上海[①]是个例外。牵手上海的工作人员在这方面是很专业的，他们不像我们这样开展随意性的活动，所以我们还是比较愿意接受由他们来向有关部门申请项目，拿到资金后再来为我们的孩子开展一些服务。这样的合作模式持续了很久，每年牵手上海都会给孩子们带来适合的活动，像打篮球、做瑜伽等。

这么多年，我一直在摸索我们中心应该如何去开展服务，怎么样才能让每一个家庭都从中受益。我想，现在的这种模式就已经很好了，既可以让每一户家庭管理好自己的“小家”，又可以让他们参与到我们这个“大家”中来。

经费：能不花就不花

2015 年正式注册为社会组织后，最大的区别就是我们也可以独立向政府相关部门申请项目，争取经费了。但这么多年来的运营经验已经养成了我们举办活动不花钱的习惯，即使需要费用也都是各个家长平摊，所以在经费上我们也是“能不花就不花”。1995 年，我们这个团体第一次收到捐赠，也就是华东师范大学的课题组给了我们 3 万元，但那时候我们根本没有正式成立组织，不敢收。后来有人跟我说：“这是可以接收的，但是你需要把账务公开。”后来中心成立了，我们就把那 3 万元存了起来，直到现在都还存着。慢慢地，社会上有越来越多的人给我们捐赠，有物品也有钱。2017 年残联给了 1 万元，我们全部都存在卡里。刚成立的时候卡里有 6 万元，现在已经有 20 多万元了。尽管中心现在有这么一笔钱，但我们还是能不用就不用，每一笔钱都是用在刀刃上的。工作室的房租一直由家长们平摊，因为房租不能开发票，所以无法报销。开展活动也基本不花钱，因为这么多年来有很多企业认识我，他们都会免费提供物资或者场地，根本不需要钱。

我这个人也不喜欢伸手要钱，所以当别人和我说“要怎么样怎么样”的

---

① 牵手上海(Hands On Shanghai, HOS)成立于 2004 年，是由一群年轻的、具有相关经验的外籍人士建立的牵手网络(Hands On/Cares)上海分支。牵手上海的使命是，在上海的慈善事业和那些有意愿参与到社区活动中的人之间建立一个平衡关系。

时候，我就说“顺其自然吧，这笔钱拿来的意义又不会很大”。一路走来工作室收到了多方捐助。2014 年，有位爱心人士捐了一台冰箱，这是我们接受的较早的一批捐赠。前几年上海电视台举办了一场“小善大爱”的活动，邀请上海的企业老板给草根组织当志愿者，做服务。当时有位世界五百强公司的董事长被节目组选中了，他就被安排到中心做志愿者。那个时候，中心还没有成立，但是我们已经有了庞大的团队，所以他就在我们这儿做了一个星期的志愿者。在这一周里，他看到了我们每个家庭的困境，就给我们捐了 6 万元。

志愿者：要从心出发

彩虹妈妈虽然没有专职人员，但是我们从来不缺志愿者。一开始我们的志愿者就只有同样经历的家长，因为在我们看来，有同样经历的人能够更好地理解其他家长的感受。后来越来越多的人知道了我们这一群体的存在，并表示想参与进来当志愿者。我们同样欢迎，但我希望每一位自愿来帮忙的人都是从心出发的，在我们看来，所有的活动都应该是以孩子为中心的，因为毕竟他们与正常的孩子不一样。此前，有一家组织主动找到我们，说有一家企业愿意赞助孤独症家庭去苏州游玩，我们都没有多想就带着孩子去了。一到苏州，当地的小学生看我们的孩子就像看怪物一样。活动结束了，活动负责人就要求我们拍照，我们很配合，但是他们就反反复复不知道拍了多少遍，后来小孩子们都失去耐心了，我们这才知道可能是被利用了。之后，他们的宣传稿写到“帮助了谁，怎么帮助的”。但其实我并没有看到这到底对我们有什么帮助。之后，每一次活动开始前，我们都会很警惕，都要先跟组织方或者赞助方沟通，看活动本身是否真的有利于我们的孩子。

传递：找个人一直做下去

很多社会组织都会想将来要怎么发展，但我们不会。我太了解这类家庭了，因为是不一般的身份和不一般的服务对象，所以我一直觉得我们需要做的就是立足当下，把这件事情做好，打造成一个“小而美”的组织。我最希望的就是这样的组织能够在每个街道都成立，可以让我们家长就近接受心理辅导，就近了解情况。一个组织做得很大、很繁杂，容易丢失家的温暖。

尽管很多人都和我说彩虹妈妈会发展得很好，但是我知道，这是不能被复制的。做公益一定要没有私心，而且还要快乐地进行，所以我很担心后继无人。坚持久了我们就会知道在这样的群体中，“精神领袖”是多么的重要，所以我现在就一直在传递这份精神，在寻找这样一个可以接替我的人。

结　语

不论在什么时候，我们都需要教育自己的孩子。但在这个过程中总是有很多人问我：“你怎么坚持下来的？我们都自顾不暇了。”我一直觉得我的坚持真的是“天时地利人和”的产物。

首先是我的性格，从小就很乐观，总有一股干劲。我觉得这和我的父母有着重大的关系，我妈妈是中华人民共和国成立后第一代的居委会主任。那个时候的居委会干部很朴实，她下班回家后，还会有很多居民来找她诉苦、聊诉求。记忆中，我妈妈就会一边生着炉子，一边很热心地和他们聊天，解决问题。而我的爸爸，是第一代厂长，那个时代厂长也是早出晚归。我从小就觉得我的爸爸妈妈都是在为人民服务，不论是上班还是下班。所以我受到我妈妈很深的影响，从小到大一直很热心。我学历并不高，错过了继续读书的机会。后来就在钢铁厂里当了总务科的科长，虽然属于后勤部门，但因为那个时候是计划经济时代，大米、煤炭全都是配给的，所以我这个科长也就担负起了整个厂的食堂事务，这需要很强的沟通能力。记得当时，我们厂烧的锅炉需要很多煤炭，但煤炭是按照计划配给的。因为那一片全都是工厂，后勤人员就需要去跟他们打交道，煤不够用时就需要和其他单位沟通；食堂缺米了，就需要找相应的单位或者人来协商，而这一切的沟通事宜都是我去做的。我一直觉得，正是这一阶段的经历锻炼了我的社会交往能力。还有，就是我的家人，包括我家的老人和我丈夫。如果说一个家里除了有老人需要照顾，还有其他事情，那就会变得更加糟糕。但是，我家的老人身体都很健康，一直以来都没有麻烦过我，所以我就可以全心全意地照顾我自己的孩子。然后是我的老公，他也比较支持我，下班之后就会全心全意地帮忙照顾孩子或者做家务，家里的大大小小事务我俩都会有商有量地解决。我的大女儿也是全力支持我，周末有空的时候就来彩虹妈妈当志愿者，让我感觉到并不是我一个人在坚持。更重要的是我身边的这些家长，其实并不是只有我在坚持、在付出，他们同样也坚持着、奉献着。

我会经常告诉身边的人："自扫门前雪是扫不清的，你一定要把大家组织起来，争取社会的福利和政府的保障，这样我们才能够得到长效的保障。"所以这几十年来，我一直在努力，一直在用我全部的光亮温暖身边的"星儿"。

绿色光年[①]：追寻生命中的绿光

大海的心让它自由地呼吸
让蔚蓝天空有个永远的伴侣
别让寻梦的风叹息
别让回家的雨哭泣
不再受伤不再逃亡
爱是我们的唯一
拥有海就拥有天
拥有山就拥有田
风很香雨很甜
日日月月才永远

——摘自歌曲《天堂海》

① 上海闵行区江川绿色光年环保服务中心，简称绿色光年，是 2016 年 3 月在上海闵行区民政局正式注册的民办非企业单位。其使命是根植于城市基层社区，通过开展体验式、互动式的系列活动，致力于在社区居民中进行形式多样的公众教育，达到环保低碳理念在老百姓生活中“看得见、摸得着、能体验、会传播”的效果。

面向未来，我们计划将绿色光年打造成一个以“可持续发展”为主题的教育机构，为社区、学校、企业提供更系统的“可持续发展”的教育课程或者咨询服务，让绿色发展的理念更加深入人心，让每个人都能践行可持续的生活方式，并将他们塑造成社区，抑或是学校的可持续发展领导者。

一个从未让自己放弃成长的过程

本科毕业后，我进入一家银行给一位女行长当秘书，试用期 1 年。我就这样循规蹈矩地工作了 1 年。1 年后，银行要和我正式签约，而我却果断选择了放弃。为何放弃？因为我知道自己不太喜欢按部就班地工作，银行也不是我最后想停留的地方，所以我果断选择了放弃。

初涉企业社会责任

从银行离开后，我顺利加入中英合作国企重组及企业发展项目（简称 SOERED 项目）。当时，这个项目属于国内最大的双边国际合作项目，项目经费多达 2 000 万英镑。加入之初，我从底层做起，第一年担任项目助理，第二年担任项目经理，在这里一待便是 4 年。4 年的青春在这里留痕，我亦在这里收获了成长。

我在这个项目里接受了很多关于企业社会责任和安全健康环境的培训，这些培训意在培养专业的管理咨询顾问。2000 年，我开始给国内的中小企业做管理咨询。那个年代，管理咨询在国内还不太常见。一般而言，公众对企业社会责任的认识仅停留在企业缴税、为员工提供就医保障等层面，但事实上企业社会责任也要求企业关注环保，重视给员工提供安全保障和其他社会福利。在那个年代，中国市场经济正处于快速发展阶段，让一些正处于蓬勃发展中的中小型企业关注社会和环保问题几乎是不可能的。所以，当这套强调环保的企业社会责任理念被引入中国的时候，只能悬浮在空中，无法真正落地。因此，我就在思考并研究一个问题：为什么国内没有环保的氛围呢？因为大家只关注经济效益，没有人关心环境问题。但是，环境总有一天会反过来制约经济的增长，因为生态环境中的资源有限，人类不能无限度地索取。

再续求学路

我在 SOERED 项目里接受了系统的培训，工作能力也得到了英国专家的认可。在这个过程中，我自己也做了一些研究，写了很多文章，有些文章还被发表在中英文期刊上，所以英国专家就鼓励我出国深造。之后我结合自身实际，发现在以往的项目经历中，确实感觉到自身还存在很多知识漏洞，继续深造实属必要。我当时出国留学的目标也比较明确，希望学成后回国，在自己 40 岁以后创办一家社会组织。但我并不清楚自己要主攻哪一个领域，在做环保和残疾人服务之间徘徊不定。我给自己规划的路径是毕业之后进入国际组织工作，积累项目经验，学习专业知识，习得一些与机构运营相关的经验，以期学以致用。然后在此基础上，再去思考我能够成立一家什么样的社会组织，以什么样的方法去运营。

对于发自内心的渴望，我一定会为之努力并不懈争取。于是我通过了雅思考试，意外获得英国外交部志奋领奖学金，顺利进入英国剑桥大学，开始为期 1 年的求学之路。我重新回到了学生身份，修读发展学硕士。发展学是一门跨学科的专业，涉及发展经济学、社会学、制度经济学、人类学、国际跨国公司等。

生命中的那道“绿光”开始微漾

剑桥岁月：观察思考从未止步

求学期间，除了在校内学习理论知识，我也积极融入剑桥社区参与各类社会实践。我是一名剑桥学子，亦是一名青年志愿者。当我以志愿者的身份进入独居老人家中对其进行探访的时候，我发现没有人跟这些独居老人交流，他们生活得非常孤独。作为学生志愿者，我每周去拜访1次，跟他们交流，陪他们聊天，只有这样，老人才有可能保持一定的语言能力。这个现象也反映了西方社会在发展过程中遇到了比较严峻的老龄化问题，社会文化中也缺少尊老、敬老、爱老的传统。在做志愿者的过程中，我也会有很多其他的思考和观察，包括了解当地社会组织怎么运营，如何管理志愿者，碰到问题怎样处理等。不忘初心，我做这些都是为了将来自己成立一家社会组织做准备。

法国沛丰协会[①]：快速学习高速实践

从剑桥大学毕业后，我回到了中国。本科教育的经济学背景以及工作第一年的银行工作经历，让我在金融学和投资学方面有了一定的知识储备。4年的中英双边合作项目经历，也使我形成了一定的知识结构。学成回国后，我想充分调动这些知识储备，所以我很有针对性地去找国际组织，希望自己能在一个比较好的平台上得到磨炼。我找到了一家总部在巴黎的国际组织——法国沛丰协会，申请了该协会中国代表处短期项目专家的职位，之后我被顺利录用。该协会是世界上最大的小额信贷国际社会组织，创变者是欧洲复兴开发银行第一任行长。该协会的驻华代表是钱向民，她是钱学森的侄孙女，比我小好几岁，毕业于哈佛大学。她热衷于扶贫事业，毕业后做了大量关于小额信贷扶贫的理论研究与实践。

我开始与钱向民以及小额信贷扶贫专家共事，在北京开始了全新的生活。由于之前都是在成都这种比较安逸的城市工作，突然进入一个生活节奏和知识更新速度都特别快的大城市，我有点不适应，面临很大的心理压

① 法国沛丰协会是国际领先的非营利性机构，主要通过发展小额信贷业务来消除贫困。法国沛丰协会总部设在巴黎，协会活跃于全球50多个国家和地区，共有超过1 000名员工，其中122位是小额信贷领域和银行业的专家。其核心业务为沛丰咨询业务，主要为银行、非银行的金融机构和包括小额信贷客户在内的其他利益攸关方提供咨询建议服务。

力。虽然我毕业于剑桥大学，但是我周围的很多人毕业于哈佛大学、耶鲁大学、斯坦福大学，他们都很优秀，而且工作经验比我多，工作能力也比我强。身处这样的环境，我发现自己与他们还存在很大的差距，还需要学习更多知识，这让我时刻提醒自己要保持学习的动力。

世界银行：既长知识也长见识

与钱向民一起工作了 2 个多月，我就得到了联合国开发计划署驻华代表处的一个中层管理职位——协调官员。在联合国开发计划署工作了大约半年，我就选择了离开。因为我认为自己更适合去一个企业化运营的国际组织。离开之后，我有幸加入了国际金融公司（IFC）。国际金融公司专门对接私营部门，主要是做投资，也做项目。我在国际金融公司工作，要参与很多商业领域的合作业务，比如和中国的商业银行、诸多投资公司和企业谈合作。在此过程中，我会用到许多学过的知识和经验，也会谈及很多关于社会发展、环境保护及安全健康的问题。因为作为一个国际组织去做投资，不能只看经济效益，还要看对方对社会、环境的影响，所以一个投资审批一般都要花很长的时间。

我当时负责跟进国际金融公司的中国能效融资项目，所有的理念与实务都非常新，让我个人收获颇丰。把环保节能项目开发成一个银行产品，让银行愿意借钱给企业，这是我的一个收获。这是一个需要多方合作行动的过程，有很多制度上的设计。除了要跟国家发展和改革委员会、财政部等多个政府部门沟通外，还要跟企业沟通。如果企业想拿到这笔贷款，国际金融公司审核通过之后可以提供相应的担保，但企业必须在产生经济效益的同时，满足社会发展以及环保的需求。当企业希望得到的银行贷款或国际金融公司担保与环保节能挂钩的时候，它就有动力把自己的业务做得更好。这个模式非常成功，到现在仍被推行。

我所在的项目团队也推动了很多商业银行对环保的关注。银行有庞大的资金在企业运行，如果不关注企业的环保状态，这些运行中的资金就成为企业污染环境的资本，国家的环境恶化速度将会加快。2007 年 7 月 12 日，《关于落实环境保护政策法规防范信贷风险的意见》出台，这一绿色信贷政策巧妙地运用了银行与企业的信贷关系，旨在遏制高耗能、高污染产业的盲目扩张，促使企业践行环保理念。如果在银行办理了贷款的企业因为严重污染环境而被强行关闭，那么银行就收不回这笔款项。所以银行也意识到，如果企业在环保方面做得不尽如人意，那么企业就存在信贷风险。

重回剑桥：震撼于环保新实践

为了和在剑桥工作的丈夫团聚，2009 年 1 月，我离开了国际金融公司，回到英国剑桥。至今，我一直处于自由职业者状态，给一些国际组织做项目顾问，包括联合国环境署、世界自然基金会、世界银行。这是一种按完成项目获得薪酬的工作模式，不坐班、不打卡，但会根据项目进度去相应的项目点出差。有时候如果多个项目同时进行，就令我精疲力竭，但我也乐此不疲。我也在英国外交与联邦事务部全球繁荣基金支持的两个项目中担任项目经理，做与绿色信贷、绿色金融、环保相关的事务。我还与其他智库合作，讨论如何把金融、企业和环保联合起来，用经济政策手段规范企业运营，让企业的环保行为更加合法。

除了完成各个项目，我也经常抽空参加一些英国环保组织在社区开展的活动，这些活动给了我很多启发。当时我不知道自己回国后要做什么，也不知道自己会生活在一个什么样的社区。剑桥的一家环保组织给了我很大的震撼，这家组织全名为剑桥碳足迹①，为剑桥社区提供“一条龙一站式”服务，在社区内组织各类活动。比如，在社区内推广新能源的利用，让太阳能“爬上”居民家的屋顶。太阳能吸收光热后发电，除了供自家用外，剩余的电还能出售。我参加了这个新能源推广活动，惊讶地发现他们竟然把银行的

① 剑桥碳足迹自 2005 年成立以来，一直致力于提升人们对气候变化问题的认识，倡导人们过低碳生活，共建低碳社区。

个人贷款业务员也请了过来。如果部分居民想在自家屋顶上安装太阳能发电站，但他们的经济能力又无法支付这一部分费用，在这种情况下，他们可以向指定的银行申请贷款。贷款是需要付利息的，那就得计算卖电的钱够不够支付利息。银行的个人贷款业务员就会和居民们进行沟通，向居民表明除了卖电可以获取一部分收益之外，国家还有补贴。从这里我们可以看出，这样一个社会组织在开发服务产品的时候，以服务对象的需求为导向，把服务落实到细节之处，为他们消除顾虑。

剑桥社区内有一个由老年人自发组建的植物学社团，该社团对剑桥社区内过去 100 多年以来生物的退化迹象做针对性研究。社团内的大多数老年人退休之前都在大学担任教职，所以他们懂得充分利用公共图书馆这一资源进行研究工作。他们的一项研究结果显示，剑桥社区内有一种植物消失的速度惊人，这很可能与气温升高导致这一植物的繁殖速度减缓有关。之后，这一群老人挨家挨户地给社区居民送研究报告手册，希望引起更多人的重视。除了自己做研究之外，他们也会邀请一些父母带着自己的孩子一起来做研究。社区周围的一大片沼泽湿地成了他们的研究基地，湿地周边有很多的景观，老人们会组织一些家庭去那里观光游览。当然，只停留在观光层面就太一般了。老人们回忆往昔，通过叙事的方式，向小朋友们还原湿地周边以前的景观，比如有哪些植物曾装扮过这片美丽的土地；老人们也感慨今朝，向孩子们讲述哪些植物正在逐渐减少。这一类活动旨在号召大家在平时的生活中关注环境问题，关注自己的生活状态。

在我国，大多数家长都忙着带孩子去参加各种培训辅导班，孩子们根本没有闲暇去关注生活中的点滴，我觉得这违背了教育的本质。教育的本质在于让孩子们学会拥抱他们所处的这个社会、世界和环境，培养孩子们对这三者的关爱和责任感。但如今，教育已被简单地扭曲成了考高分、进名校。进入工作岗位后，大家都在为了高收入而努力打拼。在物质生活得到极大满足的时代，很多受过良好教育的人却没有兴趣去了解和关心世界的发展状况和趋势。我觉得这与大家对身边的环境缺乏关注有关。孩子不在意环境，家长也不会在意，或者说家长不在意环境也就不会引导孩子去在意。所以，我们希望能够找到一种可行的路径去扭转这种趋势。

一次偶然成就一段“绿光”之旅

2012 年，我随丈夫回沪定居。回国后，我仍是自由职业者，并与国际组织保持合作关系。一次偶然的发现让我开启了一段别样的“绿光”之旅。这一发现始于我在家中建起了一座铜铟镓硒薄膜太阳能民用电站①。我从未想过自己会从这里开始，推广新能源利用，倡导绿色生活理念，从而影响这个社区，这完全是一个偶然。

太阳能“爬上”了我家屋顶

2013 年的上海，酷暑难耐，我家一楼 20 多平方米的院子由于天气太热处于闲置状态，所以我就想，如果能在露台上搭一块阴凉地儿就好了。我一直在做太阳能政策方面的研究，当时正好听说政府出台了一项全新的家用太阳能支持计划②，有补贴方案，允许居民把用不了的电卖给国家电网。经过粗略计算，我发现这种既遮阳又能发电的太阳能“房顶”性价比较高。也就是从那时起，我有了用太阳能电池板给露台造“房顶”的念头。③ 后来机缘巧合，我结识了正在从事薄膜太阳能电池创业的校友，他们计划设立一个民

① 铜铟镓硒薄膜太阳能民用电站是由铜铟镓硒太阳能电池板组建而成的民用电站。铜铟镓硒薄膜太阳能电池具有生产成本低、污染小、不衰退、弱光性能好等特点，光电转换效率居各种薄膜太阳能电池之首，接近晶体硅太阳能电池，而成本则是晶体硅电池的三分之一，被称为“下一时代非常有前途的新型薄膜太阳能电池”。

② 家用太阳能支持计划：2013 年 7 月 24 日，财政部发出《关于分布式光伏发电实行按照电量补贴政策等有关问题的通知》，规定对分布式光伏发电项目按电量给予补贴，补贴资金通过电网企业转付给分布式光伏发电项目单位。通知指出，申请补贴的分布式光伏发电项目必须按照程序完成备案。

③ 覃丛丛：《倪欢和她的“绿色光年”行动》，http://www.china-sorsa.org/n195/n325/ulai11768.html。

用项目的示范点，所以我想到可以利用我家的阳台来配合这个项目。想是一回事，做是另外一回事。让想法落地并没有想象的那么简单，还须处理多方的关系，包括取得其他住户的同意，从当地业委会和小区物业公司获得安装批准，以及去电力公司备案等。当地政府给予了积极支持，整个获批过程非常顺利。但在与社区居民沟通上却花费了很多的精力，比原来想象的要复杂。我们小区里住了很多老师，他们最初就给我提供了一些基本的建议：第一，发电不能影响邻居和公共用地；第二，必须得到楼上和紧邻一户邻居的签字同意。我总共花了 2 个月与邻居沟通，不仅得到了楼上和紧邻一户邻居的同意，还和楼上二到五层的邻居都打了招呼，但还是出现了一些意想不到的质疑。比如，业主委员会担心光伏薄膜会反光，影响到对面楼的居民。为此我专门咨询了供应商，得到的答案是不可能反光，因为一反光能量便无法储存。甚至还有业主怀疑会不会有辐射，这说明还有很多人不了解光伏发电①，但我非常理解他们的不了解，只能耐心地去跟他们解释。2014 年，院子里终于建起了国内第一座铜铟镓硒薄膜太阳能民用电站。这个电站一共有 16 块太阳能板，每块 150 瓦，装机总容量是 2.4 千瓦，总面积 9 平方米，长度 10 米。日照充足时，每天能发电 13 度左右，超过我家的日用电量②；下雨天和阴天的时候也能发电，因为它属于弱光发电的特殊环保装置。太阳能电站是一个并网系统，每发 1 度电可以立即使用，除了不用缴纳电费，国家和地方补贴加起来每度电大约 0.8 元，收益可观。若家里长期无人用电，电站所发电会通过电力公司安装的电表直接卖给电网。我核算后发现，安装一座这样的太阳能民用电站，大约 10 年后便能收回成本，而这一装置的寿命是 25 年，这说明在接下来的 15 年里，电站还能帮我们营利。太阳能民用电站

---

① 光伏发电是一种利用半导体界面的光生伏特效应而将光能直接转变为电能的技术，主要由太阳能电池板（组件）、控制器和逆变器三大部分组成，主要部件由电子元器件构成。太阳能电池经过串联后进行封装保护可形成大面积的太阳电池组件，再配合功率控制器等部件就形成了光伏发电装置。

② 《上海女子自制空气净化器抗雾霾　成本不到 200 元》，http://www.sohu.com/a/47617366_115402。

建成后，得到了许多关注，访客接踵而至，而我继续用低碳技术进行着住房改造。

有人是摄影发烧友，我却是环保发烧友

为了避免使用化学肥料并减少湿垃圾的产生，我在家里装上了一组厨余垃圾堆肥箱，把院子变成了一个垂直小农场。我把无油的厨余垃圾（剩菜叶、果皮等）放在堆肥桶里，放点 EM 菌[①]粉，就生成固体肥[②]和液体肥[③]。固体肥可以定期拌在土壤里，液体肥按 1∶500 稀释，便可被用于日常浇水。

为了战胜雾霾，我自制了一个简易的空气净化器。这个净化器的组件很简单——一个小风扇、一块过滤板和一根绳子。风扇 80 元，本来是要被扔掉的，过滤板 80 元，加上 10 多元钱的绳子，一共 200 元不到，组装成一个空气净化器，其吸附能力很不错，可以过滤 PM2.5 等颗粒污染物。有人会质疑：这么便宜的自制净化器真的会有用吗？其实空气净化器的原理很简单，就是过滤和吸附污染物，利用风扇带动室内空气从过滤网上流动。我一般每隔 2 个月换一次过滤板，冬天过滤板明显"黑"得更快。正常的空气净化器要几千元，上面按钮还很多，老人常常不会操作，而这个自制的只要开关电扇就行了。[④]

有人是摄影发烧友，我却是环保发烧友。我还在两位美国朋友的帮助下，在自家小院里安装了鱼菜共生系统。这个系统配有两个功率 20 瓦的空气泵作为换气装置，由安装在房屋上方的家用太阳能电池板为其供电。

---

① EM 菌（Effective Microorganisms）由大约 80 种微生物组成，其作用机理是形成 EM 菌和病原微生物争夺营养的竞争。由于 EM 菌在土壤中极易生存繁殖，所以能较快而稳定地占据土壤中的生态地位，形成有益微生物菌的优势群落，从而控制病原微生物的繁殖和对作物的侵袭。EM 菌已被日本、泰国、巴西等国广泛应用于农业、养殖、环保等领域。

② 固体肥是指呈固体状态的肥料。

③ 液体肥简称液肥，是指无一定形状，呈流动态的肥料，包括清液型、悬浮型。

④ 佚名：《上海女子自制空气净化器抗雾霾 成本不到 200 元》，http://www.sohu.com/a/47617366_115402。

这套系统的神奇之处在于“养鱼不换水、种菜不施肥”：鱼缸中的水通过空气泵会自动循环上来，带动鱼的粪便流到菜盆里施肥；菜盆相当于一个过滤器，不仅能够净化水体，根系也可以吸收水里的营养物质，一举两得。①

绿色光年成立于一个春天

这些低碳环保设备和太阳能电站一样，同样吸引了一大批人前来参观。其实在太阳能电站建成后，当人群如潮水般涌入我家参观的时候，我就发现了一个问题：原来在普通居民的生活层面，并没有这样的低碳环保设施供大家体验和认识。虽然政府在环保低碳事业上投入了很多资金，但是没有人告诉居民，自己在日常生活如何做到低碳环保。社区内也还没有示范的基地，所以我们家的这个太阳能“屋顶”就充当了一个政策示范点，也是一个宣传窗口。

就是这个偶然的发现让我意识到，也许我可以成立一家宣传机构，推广新能源进社区、进家园。有个正规团队有序地为大家提供学习的场所和机会，也许会比单一的个人示范效应起更多的作用，让低碳环保在大家生活中看得见、摸得着、能体验、可传播②，满足社区内的家庭、孩子以及学校老师对低碳环保设施和绿色生活方式的好奇心与学习的求知欲。

很快，我的想法得到了社区里几位妈妈的认同，她们的孩子都是我的“铁杆粉丝”。出于培养孩子环保意识和增长课外知识的考虑，这些妈妈们很乐意与我协同创立一家社会组织。③我就和居委会的干部商谈，得到了他们的大力支持，他们还帮我注册了机构。就这样，2016 年春天，上海闵行区江川绿色光年环保服务中心正式成立。

①②③ 覃丛丛：《倪欢和她的“绿色光年”行动》，http://www.china-sorsa.org/n195/n325/u1ai11768.html。

愿许以余生赴一场“绿光”之约

绿色光年成立之后，我本人是理事长兼代理总干事。由于我仍在做一些国际组织的项目，所以一开始我处于兼职状态，绿色光年的日常运转主要由社区妈妈们负责。有2位社区妈妈辞去本职工作，经过学习和培训，全职肩负起了绿色光年的日常工作。在妈妈们成为我的得力干将的同时，社区里的孩子们也收获颇丰，他们有机会在活动中担任小小志愿者，锻炼了自己的能力。①

低碳环保与旅游观光完美结合

我们希望将社区及周边的社会组织协调起来，设计一条标准的低碳参观路线，无论是学校、企业或政府机构都可以预约参观。如今，绿色光年针对社区居民设计了以下低碳环保游览路线和“景点”：小区车主专用新能源汽车集中式充电停车场、交大“日上江村”光热和光伏系统、“小红车”新能源汽车体验、英特尔公司智能“屋顶菜园”等。这些“景点”已成为不少家庭周末“遛娃”的新去处。目前，绿色光年已正式成为上海市市民低碳行动的合作组织。

“高大上”与“接地气”并轨

2016年暑期，通过整合自己的人脉资源，我们也探索开展了一些“高大上”的环保体验活动，第一次协办了由联合国环境署与亿利公益基金会主办的“全球环境展望”青少年环境教育夏令营，带着20多名孩子从上海乘坐卧铺到内蒙古库布齐沙漠，这是一次全新的挑战。除此之外，我们也与上海超

① 覃丛丛：《倪欢和她的“绿色光年”行动》，http://www.china-sorsa.org/n195/n325/u1ai11768.html。

导科技股份有限公司联合组织“超导之夜”科普体验活动；与上海交通大学钱学森图书馆合作，每月举办 4 堂周末亲子环保课，这些活动都非常受大家欢迎。

这些“高大上”的环保体验活动能够顺利开展，也倚仗于背后“接地气”的管理设计。每次活动都需要志愿者，我们就与上海交通大学、华东师范大学相关学院互动交流，从中招募选拔了 40 名学生志愿者。我和团队成员也通过微信平台，发动了不少居民和高校学生参与社区低碳环保宣传。社区居民和高校学生的力量是巨大的，这些资源都需要用心地去整合。

趣味性活动设计

目前，我们也进入校园、社区开展知识科普宣讲，打破传统形式，遵循趣味性设计、体验式参与原则，以保证讲座内容不枯燥无聊。体验式参与能提升孩子们的积极性，趣味性的活动设计让孩子们对环保理念和环保知识等有更深刻的理解和领悟。

有一次，我们去上海一所中学开展低碳环保宣传活动，其中一个环节就是将苹果比喻成一个小的地球。苹果有不可食用的部分，同理，地球也有不能被人类利用的高山、荒漠。苹果被慢慢切成块，以便让学生们理解人类能使用的地球资源是极其有限的。做完活动之后，志愿者问学生做完这个活动后最大的感受是什么。有个学生的回答特别有意思，他开心地说：“我今天把高山（人类不能使用的部分）给吃掉了。”虽然这个回答看上去有点让人啼笑皆非，但是小朋友们通过这场活动用自己的方式理解了节约资源的含义。如何将环保知识和理念通过一些互动和体验的形式传递给学生们，让他们既学到知识，同时又能肩负起社会责任，这对我们来说依旧是一个挑战。①

① 佚名：《剑桥海归把环保理念从自家融入到更多人的生活》，http://sh.qq.com/a/20170314/026582.htm.

最大的难点：家庭和工作很难得到平衡

在工作中遇到的困难可以慢慢克服，但如何在家庭和工作之间保持平衡是我遇到的最大难点。我和丈夫的感情一直非常稳定。我的丈夫也是一个事业型的人，而且他的事业做得比我还要成功，在科研方面获得过很多奖项，也广受业界认可。我们其实在感情和赡养老人方面都很务实，所以在家庭方面基本上没有冲突。总体来说，丈夫支持我的这份事业，但不认同我目前的工作强度和状态。一是因为看到我太累、太辛苦，他于心不忍。二是如果我的工作强度大，留给家庭的时间就会很少，家庭和工作很难得到平衡，一旦这种平衡被打破，真的很难再得到家里人的支持。不过我可以通过招聘一些有能力的员工来克服这一困难，但由于薪酬低，招不到高级人才，那我只能花更多的时间在团队能力建设上，促进团队能力提升。

虽然家庭和工作难以平衡，但我依然希望能把这份公益事业的影响力扩大到更多社区和家庭。所以，从2017年开始，我就全职在绿色光年担任总干事，全身心地投入机构的发展和可持续生活的倡导。

机遇与挑战并存

挑战：机构运营能否可持续

目前我们面临的最大挑战在于绿色光年能否可持续运营。虽然绿色光年有幸获得了很多荣誉，但这些荣誉都是身外之物，关键还是绿色光年能否可持续运营。为应对这一挑战，绿色光年必须转型，以提升自身的造血能力。我们计划孵化一家社会企业，为中国城乡社区的绿色发展和环境教育工作做出一点贡献。我们也可能把大数据与食品卫生、安全生产等议题联系起来，以便对绿色光年的产品线进行重新分类、梳理，对内部资源和外部资源进行重新整合，以此提升绿色光年的自我造血能力，让其能够可持续地运营，并产生可持续的社会影响力。

机遇：打造可持续发展教育机构

目前，绿色光年主要是面向社区、学校、企业，开发体验式和互动式的公众教育课程，推广可持续的绿色生活方式。这是绿色光年现在的使命，也是我们正在做的事情。而绿色光年未来的发展需要有更精确的定位和更清晰的战略规划，只推广可持续的绿色生活方式并不是我们的终极目标。我们的终极目标是教育更多的人，让他们都能够践行可持续发展的理念。所以，面向未来，我们计划将绿色光年打造成一个以“可持续发展”为主题的教育机构，面向社区、学校、企业提供更系统的“可持续发展”的教育课程或者咨询服务，让绿色发展的理念更加深入人心，让每个人都能践行可持续的绿色生活方式，并将他们塑造成社区抑或是学校的可持续发展领导者。

其实，绿色光年被打造成一个“可持续发展”教育机构已有很大的市场机遇。《中国留学发展报告(2016)》显示，2015 年，中国在海外留学的学生有 126 万人，约占世界国际留学生总数的 25%。这意味着每 4 个国际留学生中，就有 1 个来自中国。孩子们要出国留学，需要有非常丰富的社会实践经历或者教育经历。绿色光年旨在打造的可持续生态社区是一个非常好的切入点。我们现在不只做城市的生态社区建设，还关注中国西部的农村。在与东部相比还存在一定经济差距的中国西部，如何开展生态社区建设和绿色发展值得探讨。目前，我已经设计了好几个夏令营、冬令营，还有研学类项目，这些项目得到了很多留学中介机构、留学培训机构、教育投资公司的关注，他们都纷纷登门造访与我们谈合作，希望组织孩子们去项目点参加社会实践，如垃圾分类、社区层面太阳能利用现状的社会调研等。

结 语

创立一家公益组织是我人生的一大目标。在创立过程中我遇到了很多困难，诸如自己要贴钱，要耗损很多的时间、精力和健康，有时候还会因为找不到合适的伙伴而产生挫败感。但人生总会碰到很多挫折，而我的家庭给了我不断向前的动力，父母的鼓励、老公的支持和引导，都让我以更加积极的方式去应对这些挫折。如果没有家人的支持，我一个人可能无法前行。

馨宁[①]："心瘾"的陪跑者

一生之中兜兜转转哪会看清楚
彷徨时我也试过独坐一角像是没协助
在某年那幼小的我
跌倒过几多几多落泪在雨夜滂沱
一生之中弯弯曲曲我也要走过
从何时有你有你伴我给我热烈地拍和
像红日之火　燃点真的我

——摘自歌曲《红日》

我的内心一直有很强烈的使命感——做一名"心瘾"的陪跑者。

① 上海馨宁社会工作服务中心，简称馨宁，成立于 2016 年 9 月。馨宁发挥"助人自助"的理念，立足社区，扎根本土社会，整合社会资源，依靠社区力量，推进社区建设。

就算生不逢时，也要知难而进

最初我就是漂泊的

我一直认为我的生命源于漂泊。我生于20世纪50年代，在过去几十年里，经历了不少的大起大落。在我读二年级的时候，不像现在的学生一样把心思放在学习上，外在复杂的环境让我们难以静心读书。

在我读四年级时，父亲去了江西支内，我没有选择地跟他去了江西，于是整个童年就都在江西度过。在学校时我就是“不安分”的孩子，在江西读完五年级后便直接上了初中，而在初中时，我又选择了跳级。毕业后，因为家庭的一些变故，我又回到上海。

回到上海没多久，我又赶上了“上山下乡”的风潮，于是1972年，我便来到了安徽的黄山茶林场，不曾想这一待就是整整11年。1983年，我又一次回到了上海。但这次回到上海后我却感到了陌生，11年已经造成了一个断层。回来后的第一份工作是“顶替”我妈妈的职位。我妈妈从教师岗位上退休后，我顺利地获得了“顶替”这个岗位的机会。但因为没有良好的教育背景，我并没有当上教师。后来只是在幼儿园里当后勤人员，但至少我有了稳定的工作。

我就这样了吗?

我原以为自己会借助这份工作安稳地生活，但那时上海早已经是另一番景象了，我能清晰地感受到人人都在考文凭，这似乎成了一种时尚，而且整个社会的学习意识更强了。我就开始问自己：“我就这样了吗? 结婚生子，然后一辈子安安稳稳?”那个时候，我感受到了自己并不满足于这份工作，我不希望一辈子做后勤工作，所以我也开始考文凭。

刚开始我并没有辞职，而是一边工作一边备考。后来，我从单位争取到了带薪学习的机会。拿到本科学历后,我从后勤转到了会计岗位。当了一段时间会计后,我因为生孩子就带薪留职了。这一切看起来好像都很顺利,但没有人会想到我的人生从此开始出现了极大的转折。

毒品的魔咒,10年的梦魇

20世纪80年代初,中国第一波“下海潮”正式开始。最初我并未受“下海潮”影响,专注于工作和读书。直到1990年我才和朋友A一起下海经商,做一点小生意。由于精力有限,我便辞去原来的工作,加入了一个只有我这一名女性的经商团队,开始了我的经商之路,结果却迎来了10年的沉沦。

这么难戒吗?我就是不相信!

1990年,浦东新区开始对外开放,吸引了大量国内外资本聚集上海,进入上海的人口也日益增多。但在那个年代,还是有很多的上海女性去深圳、广州打工。这些女性大多以自己的青春为本钱,在广州、深圳赚了很多钱。有一天晚上,有两名女性从深圳回上海,她们带到上海的还有海洛因。也许,那个时候大家都还年轻,只认为这是一件新奇的东西,或是一样“好东西”,可以与朋友一起分享,并没有想到这个东西会产生如此严重的后果:身体受蚂蚁噬骨之痛,灵魂在一吸一吮之间,飘然于家庭和社会之外,越来越封闭的自我,越来越淡漠周边的一切,越来越不像是一个人,或许像一个病人,或许是一个“死”人,或许就是一摊肉。我们这群人就是从这天晚上开始吸食海洛因的,尽管当时我不在现场。那晚的第一口,可能就预示了后来悲惨的命运。他们是上海第一批下海经商的人,在那一代人里应该算得上是精英。在下海之前,他们当中有些人的单位很好,有些人还在单位里担任领导干部。在那个时期,他们敏锐感受到社会变迁,辞掉人人羡慕的体制内工作去下海经商，这本身就是一种魄力。可是谁能想到，本来是一群前途无量的人，却因为吸食了海洛因，让一切本该发生的喜剧都演化为悲剧：有人死去，有人被判死刑或死缓，大多数家庭还因为吸毒发生了很大的变故，徒留物是人非的凄凉。

其实，我们这群人为了战胜毒瘾，也曾做过一番努力和挣扎。那时候，国内还没有自愿戒毒所，我们就请来了麻醉科医生来给我们做麻醉。因为处于昏迷状态下，我们就可以克服毒瘾带来的痛苦的生理反应。我也曾陪着其他人一起戒毒，在他们处于半昏迷状态时照顾他们。苏醒过来后的他们仍旧带着一副毒瘾发作时的可怕模样，仍然想要吸那个东西。经历了无数次的挣扎后，他们与毒瘾的抗争都以失败告终。

从那时开始，我心想："难道，这个东西就这么难戒吗？我就是不相信这个东西很难戒。我是个女人，如果我真能戒毒成功，那你们男人还戒不了吗？我就要试给你们看，我要证明这个东西是可以戒掉的。"当时，毒品对我们来说太新奇了。好奇是每个人的天性，但是，当我们因为好奇想要去尝试某些东西的时候，还是需要好好把握这个度的。但那时，我根本没有考虑太多，或者说在辨别和把握这个度上就出现了一些偏差。在好奇心的驱使下，我吸食了毒品，而这一吸就是 10 年。

从成瘾那天起，我就想把它戒掉

最初，我只是想要证明毒瘾是可以戒掉的，但却陷入了毒品的魔咒，沉沦了 10 年。10 年中，我曾尝试过许多次戒毒，现在已经记不清自己戒过多少次了。从意识到自己成瘾的那一天起，我就想把它戒掉。毒瘾发作的时候让人特别难受，就如蚂蚁噬骨，能令人彻夜难眠。成瘾之初，即使经历蚂蚁噬骨般的折磨，我也默默地熬着、忍着，尽管知道只需要一点点毒品就可以缓解一切痛楚。一开始与毒品抗争时我并没有碰到太大的困难，毕竟吸食的量少，抗争一下，过两三天毒瘾就会减轻。这看似有了一点转机，结果却再次让我陷入泥沼。经历了几次斗争，我再也忍受不了了，从只在晚上吸一次，到后来早晚各吸一次。因为晚上吸食毒品后，第二天早上就会特别难受，但一吸就不难受了，所以我选择了向这种"诱惑"投降。

1997年，距今虽已有20多年，我却记忆犹新。这一年，我身边的许多殷实人家因为吸食毒品而开始走向衰败。后来，毒贩子哄抬毒品的价格。要想获得毒品，就需要拿出更多的钱，支出成了一个无底洞。成瘾者基本都已经失去了赚钱的能力，因为毒瘾随时会发作。所以，成瘾的人都"败"得特别快。因为没钱，他们就会去做一些违法的事情，比如骗钱、偷窃等，往往也会因为这些行为而受到法律制裁。

随着毒瘾越来越大，对毒品的需求量也越来越大了，我也开始有了经济压力。我把赖以生存的饭店卖掉后，又维持了一段时间。我总在不停地想："我一定要把毒瘾戒掉，不能再这样下去了。"但那个时候，我已经很不理智了，之后便发生了一系列连自己都想不到的事情。

第一次，我当掉了自己的第一条项链。我还清晰地记得那条项链是自己托朋友到香港去定制的，所以并不是项链本身的价格而是它所包含的意义让我记忆非常深刻。在决定当掉它的那一刻，我有过犹豫与懊恼，但那时我根本无法控制自己。有了第一次，就会有第二次、第三次，事情已经达到无法掌控的地步了。直到我卖掉女儿的保险、当掉女儿的钢琴，我才似乎有了一丝心悸，不禁问自己："我到底是怎么了？"

还女儿一个"正常"的妈妈

我在心里暗暗地向自己许诺：我一定要把毒品戒掉！所以，我就想出了一个"递减法"来控制自己的行为。当时我的毒瘾实在太大了，已经处于那种只要一睁眼就想到毒品的状态，要想一下子戒掉，那是不可能的。"递减法"也确实发挥了作用，最初我一天吸食两三克，到后来一天吸食几毫克。我心想这一次总算要成功了，可最终该来的还是来了。

2000年11月17日，我被抓了。在被抓时，我内心有着难以言表的淡定，甚至对警察产生了感激。因为那一刻，我真的觉悟了，我知道是时候与毒品来一次彻底的决裂了。又或许是女儿“敲”醒了我，是女儿让我知道这10年该有一个了结了。被抓的那个场景，我这一辈子都无法忘记。那一天，我刚好换了一个新的住址，难得能与女儿一起出去购置一些日常用品。当我回来打扫房间的时候，突然发现我的女儿在慢慢地往房间里走，我一抬头，就发现警察已经站在了门口。他们只说了一句“跟我们走吧”，没有留给我任何准备的机会。当我要离开的那一刻，女儿呜咽地问我：“妈妈，你走了，我该怎么办？”对啊，离异后就只有我们母女俩相依为命，现在我就这样被带走，那么小的女儿该怎么办？

原来，在我沉沦的这些年，女儿因为我常常感到不安。还记得她曾经说“你知道吗，我只要一听到警报声，我心里就像打鼓一样，我就怕是来找你的”。我无法想象，这么多年她是如何过来的。我从来没有关注过她的感受，我不知道原来自己的所作所为在她幼小的心灵里埋下了痛苦与不安的种子。于是我就告诫自己：“叶雄，你不能再这样了，你还有一个非常懂事的女儿。这么多年就算你一错再错，她都没有责怪过你。”

被抓之后，我就一直在上海市女劳动教养管理所接受教育与强制戒毒。带着对女儿的愧疚以及对自身的不满，这一次，我真的想明白了，我一定要戒掉毒瘾。劳教所的戒毒模式非常严格，我都不知道如何描述我在劳教所里一年的生活。但庆幸的是，那时候我的内心很强大，毒瘾发作时，我就回想起最初那个拼搏的自己。我开始想：我是那么好的一个学生，从小学第一天起，就被老师指定为班长，后来也一直在班级里担任班干部。在爸妈、亲戚的眼里，我是一个学习好、懂礼貌的孩子，长得也很讨喜，无论在哪个学校都是引人注目的人物。后来工作了，我在工作岗位上也表现得非常优秀。为什么现在我会在劳教所里？重新变回“叶雄”的信念，让我变得更加坚定。这一次，我真的成功了。当干警将我送出劳教所大门时，她看着我说：“叶雄，我希望以后再也不要见到你。”

地狱里爬出来的天使

当我无处可栖时,他们收留了我

2002年3月,我走出了劳教所的黑色大门,对前路一无所知。

当时我父母都过世了,饭店被卖掉了,住的地方也没有了。没有一个地方可以去,也没有一间屋子的门为我而开。走出劳教所后的第一个晚上,我是在一间公共澡堂里度过的,这一晚辗转难眠。第二天,为了生计我托人向一个开棋牌室的朋友求助。朋友收留了我,于是我在棋牌室开始了出来以后的第一份工作。

第一天去工作的时候,因为实在没有脸面见他,我在楼梯处徘徊了10多分钟。他的棋牌室就在二楼,但我就是走上去又走下来,没有勇气去面对。我当时心想:我竟然沦落到了这种地步。可摸了一下自己的口袋,口袋里只剩下十几元了,这日子怎么过得下去呢!没办法,我就决定先在那里待几天。后来,因为棋牌室发生事故关门了,我转而去当营业员卖衣服,这样又熬过了一段时间。

一个很偶然的机会,在一位朋友的安排下,我进了一家大公司做人力资源工作。我记得当时有一位记者采访我的朋友,问她怎么有勇气去雇一个曾经的吸毒人,她回答说:“这是我的朋友,我了解她,她的本质和能力我都了解,而且这是她最需要我帮助的时候。如果我们这些从小一起长大的好朋友都不能伸出手的话,她还能指望谁呢?”2003年的时候,社会对吸毒人员的看法还是很偏激的,但我的朋友们却一直在等待着我重新归来,一直在帮助着我。

自从我在企业上班后,整个人感觉都不一样了。那时,我每天都会经过一个地方——上海延安西路上的一块绿地。有一段时间,我每天上班经过那里时都会掉眼泪,我为自己能够重新开始新生活而感慨,感觉自己终于达成了一个人生目标。

“叶雄，你愿意来自强上班吗？”

2003年，上海成立了三家重要的社工机构，分别是上海市新航社区服务总站[①]、上海市阳光社区青少年事务中心[②]和上海市自强社会服务总社[③]，通过政府购买服务的方式，分别在社区服刑人员行为矫治、社区青少年预防犯罪、药物滥用人员矫治方面提供社会工作专业服务。当时上海市禁毒委员会办公室（以下简称市禁毒办）主任叫周伟航，他是一个比较有创新意识的人，提出让一个“过来人”为新社工讲述他们戒毒后的需要。比如，希望社工可以为他们做什么。我很荣幸地被选中成为那个“过来人”。站上培训讲台的那一刻，我感觉我的人生接下来会发生很大的变化。

此前，有一家生产戒毒治疗仪的机构来到戒毒所开展活动，我在戒毒所里认识了他们。在我出来以后，他们一直通过我妹妹联系我（我当时没有电话），但她并没有理会，她希望我可以和过去的一切断了关系。后来妹妹也被他们的坚持所打动，才让我跟他们重新联系。于是，我就跟着他们到戒毒所做禁毒宣传的志愿服务。

有一次我从外地宣讲回来，就和五个有相同经历的同伴一起在办公室里坐下来聊天，我问：“你们觉得出来以后，最大的困难或者问题是什么？”我以为他们会回答就业难或者别人不信任等问题，但是他们却说是找不到一个可以倾诉的人。听完以后我就觉得非常心酸，于是我跟他们说：“这可能也是好多戒毒者碰到的问题，你们觉得可以如何来帮助大家呢？”大家都表示很愿意做点事情来帮帮有相同经历的人。有人说办报刊，但其实我们的能力是达不到的。我们讨论了许久，最后大家认为热线很流行，很多社会问题都可以通过热线服务来解决。于是我们就开通了戒毒热线，用的是那家

① 上海市新航社区服务总站，简称新航。
② 上海市阳光社区青少年事务中心，简称阳光。
③ 上海市自强社会服务总社，简称自强。

生产戒毒治疗仪机构的电话号码,让有需要的戒毒人员或他们的家人可以通过打电话进行咨询。

当市禁毒办提出需要教员去给社工做培训的时候,是自强推荐了我,尽管当时也有大学生、教师等人选,他们的学历都比我高,但最后还是选中了我。就这样,我开始了与自强的缘分。他们让我用半天的时间培训社工。虽然上课时间短,但我却花了很长的时间写了一本厚厚的讲义。市禁毒办的老师们看到以后都很感动,说道:“就让她讲讲自己的故事,她怎么那么认真,写了这么一本厚厚的资料,都可以出一本书了。”所以我在这些老师的心目中就留下了不错的印象。

在培训社工的那段时间,我分享了很多的经验和故事。给社工分享这些故事是让他们可以有目的地去提供服务。我常常说信任很重要,我自己也是因为得到朋友的信任,得到自强的信任,才能坚持走过来的。

2003 年、2004 年,我给很多新社工开展培训,和他们建立了关系,他们碰到难题的时候也会征求我的意见。2005 年,市禁毒办就委托上海市精神卫生中心(以下简称精卫中心)的赵明老师来问我:“叶雄,你愿意来自强正式工作吗?”我想都没想就说我愿意。所以从 2005 年 6 月 1 日开始,我便开始正式加入自强。

逐梦:拾星者在路上

叶雄工作室的诞生

2008 年,国家要求每个有条件的城市都要发展禁毒志愿者协会,通过发展志愿者来协助社工进行服务,上海市禁毒志愿者协会(以下简称协会)就这样诞生了。

在戒毒帮教服务中,协会非常注重发挥同伴志愿者的榜样作用,运用同伴互助教育的方法,鼓励、影响、帮助尚未戒除毒瘾的戒毒人员。2012 年 3

月2日，协会与市禁毒办、市法学会禁毒法研究会和自强共同举办了“禁毒社会工作论坛——同伴教育的实践与探索暨叶雄工作室揭牌仪式”。

叶雄工作室成立以来，开展了有序、有效的同伴志愿服务工作：一是接听自强戒毒咨询热线①、开设同伴信箱②，为戒毒同伴及其家属提供戒毒康复服务、家庭后续照管、心理咨询和防复吸指导等服务；二是通过“叶雄戒毒网”刊登各类同伴撰写的康复体会、新生感悟等文章，呼吁社会大众关注戒毒人员；三是开展“自强同伴沙龙”活动，参与各类“同伴教育辅导计划”；四是进强制隔离戒毒所开展帮教工作；五是成立“商务楼宇同伴志愿者禁毒宣传巡讲团”，先后到静安区石门二路街道、虹口区提篮桥街道等地的商务楼宇，开展禁毒宣讲活动。此外，还走进湖北、四川等地的一些强制隔离戒毒所开展同伴禁毒教育活动。2014年还成立了“海星同伴禁毒巡讲团”。

成立叶雄工作室之后，除了继续开展同伴教育，我还扩大了服务领域，比如为全市的志愿者做培训、为许多高校开设讲座。

拾星者，在路上

一路走来，我要感谢的人很多。在工作室创立之初，在许多人的帮助下，我重新走上了职业之路。我很感谢周主任、杜老师，以及一些高校教授，如费梅苹、朱眉华、韩晓燕，他们听到我的故事后都一直关心我。

几年来，我一直致力于项目的开发与实施，通过项目为康复人员提供精细化的服务，同时进行实务上的研究。我的第一个项目有幸得到了自强的余国荣副总干事的支持。我当时对余副总建议说：“项目下面可以设几个子项目。一个子项目由一个人负责，然后再安排人负责统筹所有子项目，形成

---

① 2003年12月，上海第一条戒毒热线——叶子戒毒热线正式开通。2005年，自强开通自强戒毒咨询热线。同年，叶子戒毒热线并入自强戒毒咨询热线。

② “同伴信箱”是指通过与在“场所”内戒毒或服刑的同伴书信往来的形式，为戒毒人员提供“提前介入”的服务，进行康复经验交流、防复吸技巧传授，以便戒毒人员重返社会后能尽快地适应和融入社会，做好各种必要的心理准备，同时也能提高同伴辅导员的写作和沟通能力，搭建一个志愿服务的平台。目前，已收到了来自北京、甘肃、新疆维吾尔自治区、云南、四川、湖北、河北、浙江、江苏等地的信件3 000余封。

项目工作团队的框架。"我主要负责吸毒家庭这一子项目。我自2009年后开始自己写项目申请书，其中一些项目获得了民政部的嘉奖，同时，我也会参加上海市文明办、静安区社会组织服务中心优秀项目的评选。

2005年进入自强后，我主要负责戒毒咨询热线与同伴教育，但刚开始我对同伴教育并不了解。当时网上的相关资料也比较少，我甚至对同伴教育的定义都不清晰。当时有个叫马达的老师，对我的帮助很大，他帮我找到了一些关于同伴教育的资料。后来，我就开始潜心了解同伴教育。我一直认为对于许多戒毒人员来说，最难的不是强制他们如何戒毒，而是他们需要有能力与整个外界产生良性的互动。对于戒毒者而言，如果能够与外界做到良好的互动，戒掉的可能性就更大。同伴是戒毒者环境中的重要他人，这些戒毒者一般更愿意听取有同样戒毒经验的人的意见。我也经常会去戒毒所里分享我的人生经历，我常常说："我康复的路程可以说比在座的每一位都难，既然我都能挺过来，大家一定都行的。"同伴往往更能够理解戒毒者的经历，能够给予戒毒者更多的力量，帮助戒毒者树立戒毒的信心。

我想建立一个同伴志愿者的评价体系。我想把所有参与同伴志愿服务的人员纳入一个星级化的评价体系，从一星级到五星级。我还想开一个年度代表会议，共同协商议题，然后制订出符合大多数人要求的发展规划，如伦理困境如何解决，同伴辅导员是否能收礼，如何应对一些吸毒同伴的邀约。我希望把这些议题一一提出来，让大家共同商讨可行的应对方案，最后形成一份行为规范手册。

我的第一个小组

我从2005年开始接触社会工作时，就特别喜欢小组工作方法。自强做的第一个小组是在原闸北区做的女子沙龙，我也曾经数次参与这个女子沙龙。现在回看这个小组，它更像是一个接一个的座谈会，参与者分享的机会较少，也没有更多的小组元素和有逻辑的程序设计等。这并非是对当时服务的评判，只是在今天看来，那时的女子沙龙确实不像教科书提到的小组工作。

后来，市禁毒办把我安排在自强静安工作站工作。在市禁毒办的支持下，我和静安工作站里康复情况较好的人员开始策划我们认为的小组。这个小组被称为“静安汤建卫同伴自助小组”，一共开展了8次活动。当时我认为小组的成效需要专业力量来评估，便邀请了张宇莲老师、彭善民老师等社会工作专家来进行小组的评估工作。

再后来，媒体对我的报道引起了一些康复者及其家人的关注，很多康复者自己或家人打热线来咨询。记得有一位老人在打电话过程中哭了，他说：“从你身上我看到了希望，我家外孙有救了。叶老师，你要救救孩子，救救我们这个家。”有的社工也会给我介绍康复同伴，让我参与到帮教服务中。就这样慢慢地，我身边开始聚集了一些同伴。在回应他们咨询的同时，我也协助做一些康复服务，感觉有点儿忙不过来，所以我就希望可以召集更多的同伴共同来做这些服务，帮助有相同经历的同伴走上康复的道路。

从2006年开始，我就一边做个案，一边开始写小组计划书。在写计划书的9个月里，我经常会突然冒出与小组有关的想法，也许是游戏，也许是主题，就算是半夜我也会起来打开电脑记下来，走在路上看到好的标语或者看到报纸上好的故事，我都会想着如何将它们放进小组里面。当时我真的如痴似迷，全身心投入创作过程中。

在小组工作按照原定计划一步步实施的过程中，突发性的事件时常发生。有一次，一位与小组内成员关系很好的同伴因吸食毒品过量而死，作为一位小组带领者，我意识到这一事件会对整个小组产生很大的影响：一是会动摇大家的戒毒信念，二是会对这个同伴产生一些负面评价等。于是，我们就开展了主题为“有多少生命可以重来”的活动。果不其然，我发现大家对这位同伴的过世感到痛惜之余，更多的是指责，认为他参加了同伴活动就不应该复吸。当时，有一位组员站起来发表了不同的意见，他说：“哥哥姐姐们，我请求大家再也不要指责小刚了，因为他的女儿再也看不到爸爸了。”他的话音刚落，活动气氛一下子就凝固了，大家都安静了下来，有人开始抹眼泪，有人开始回忆小刚活着的时候为康复做出的努力，有人提出我们可以为小刚的孩子做些什么。当我提出如何克服康复过程中的困境时，大家开始理性地讨论这件事带给我们的反思是什么，面对诱惑，我们应该如何处理，如何珍视自己的生命。最后大家达成共识，认为戒毒是一个非常艰难且长期的过程，碰到难题我们可以寻求团队帮助，而不能依靠毒品。最后还共同承诺要用一种宽容的心境、科学的态度面对同伴的复吸，而不是一味地指责，因为我们是同伴。

在一年多的时间里，第一期涅槃重生同伴辅导教育小组开展了8节结构式小组活动，同时还进行了14次主题活动。我个人认为这14次主题活动是伴随着组员的生命历程而展开的，具有灵动性、及时性，充满了爱与被爱，让组员更多地去感知、去体验，弥补了原来结构性的小组计划中的不足，这也成了我们小组的特色之一。

以生命影响生命

2012年因工作需要，我成立了叶雄工作室，专职从事禁毒同伴教育工作。工作室目前登记在册的志愿者有14 000多人，如何发挥他们的作用是我们工作室将来发展的一个重点。我们希望更多有专业特长的人能够加入志愿者队伍。

在开展同伴教育的过程中，同伴团队的志愿者们也在用曾经千疮百孔的生命影响着他人的生命。几年来，在戒毒康复领域的同伴教育实践中，我有幸见证了很多用生命影响生命的案例。阿明，是我们第一期涅槃重生同伴教育小组的组员。年轻时的他因为青春的躁动及不安分的性格，时常与人打架，多次被拘留，后来当了厨师，有了点钱，受人蛊惑开始吸毒。沦陷在"毒海"中的他，有一次为了筹集毒资，搬走了徒弟家的一台录像机，拿去变卖，他因盗窃罪被捕入狱。出狱后的他又数次复吸，好些人都断言他改不好了，连家人都这样认为。2003年自戒毒所出来后，看着为他操碎了心的母亲苍老哀伤的模样，他下决心要好好照料母亲。谁知母亲被查出患了癌症，阿明在愧疚与悲哀中告别了母亲。就在他再次陷入绝境的时候，社工倪老师为他解决了就业问题并介绍他进入了同伴小组。进入小组后，阿明学会了自我觉察和接纳自己，还逐渐掌握了一些同伴辅导的技巧，认识到帮助他人也是为了自己更好地康复。他曾开玩笑地对我说："叶老师，你真有办法！从小我就没有背过书包上学，更不要说做作业了。现在我却像个好学生，认真地完成每一次的作业。我哥哥都表扬我了，说我从让他代做作业，到现在自己完成，是一次飞跃。"在一次宣讲中，他说："我曾真的认为我这辈子完了，做好了'无期徒刑分批吃'的准备。没想到社工不仅在生活、就业上关心我，还让我相信自己也可以改变。在同伴教育的活动中，我相信了爱的存在，而这种爱与被爱的感受，让我在与'毒魔'的斗争中获胜了。"

阿明能从昨日的阴影中走出来，既有他自己的努力，也缘于社工倪老师对他的信任与帮助。同时，我们为阿明找到了适合他的改变方法：一是将他置身于一个积极向上的，能获得心理支持的同伴教育环境，给予他足够的尊重和接纳，培养他的自信。二是协助他学习辅导技能，搭建实现自身价值的助人平台，如参加宣讲、辅导同伴、协助尿检、做示范员等，让他体验在提供志愿服务时被人需要的愉悦感，从而在助人中获得自我成长。当然，最重要的是在所有的服务过程中，我们传递给他的是"我们相信他能改变"这一信念，我们在用自己的生命影响他的生命。

用生命影响生命是一种态度，是与"相信改变"信念相吻合的服务过程，是用专业的方法协助服务对象重振希望的过程。从事禁毒社会工作多年，我发现社工的价值观、知识的储备、方法的掌握、经验的积累等都影响着其专业服务的成效，而从一个"不一样的视角"出发看待戒毒人员，也非常的重要。

"不一样的视角"就是"优势视角"

优势视角认为，社工应着眼于服务对象的优势，立足于发现、寻求、探索及利用他们的优势、潜能和资源，协助其从挫折和逆境中挣脱出来，最终达到成长的目标。优势视角是社会工作实务的理论依据,是社工在提供服务时的一种思维方式和工作方法。

从“优势视角”出发,我们可以努力挖掘服务对象的内在潜能,强调他们在面对压力、逆境时的能力,而不再是单纯地关注问题的负面影响。通过接纳、关爱、赋权、增能等,让他们确信自己充满了潜能。只有在认识到自己的优势并积极有效地参与治疗时,才有可能康复。

结　语

我的前半生起起伏伏,但我一直相信,所有的付出都将会有回报。每身处一个团体当中,我都会用乐观、宽容、友爱、互助的理念去影响身边人。其实我目前的家庭情况很特殊,我前夫在2017年过世之后,我就住在他买的房子里,还跟他的母亲住在一起,我们相处得很融洽,甚至我搬进来也是她主动提出的。当下,我觉得自己很幸福,和女儿的关系也很好,平时也会帮她带孩子。我跟女儿曾有过一段矛盾期,倒不是因为吸毒的经历,而是因为我接受了太多媒体的采访,给她造成了很大的压力。后来她理解我了,也看到好几个同伴的改变,她觉得妈妈在做一件善事,所以她现在非常理解我的工作。

2016年底,在高校老师的支持下,我注册成立了上海馨宁社会工作服务中心。我的初心有两点:一是为同伴开拓就业岗位,让他们在养活自己的同时又能通过服务社会实现康复;二是想更纯粹地做同伴教育的服务与实践,希望同伴教育可以服务更多特殊群体。

慈爱[1]：汇聚点滴的力量

夜风凛凛　独回望旧事前尘
是以往的我充满怒愤
诬告与指责　积压着满肚气不愤
对谣言反应甚为着紧……
遇上冷风雨休太认真
自信满心里　休理会讽刺与质问
笑骂由人　洒脱地做人……
少年行　洒脱地做人
继续行　洒脱地做人

——摘自歌曲《沉默是金》

这首《沉默是金》反映了很多年轻人一路走来的心声，曾经的我亦是浮

① 上海浦东新区慈爱公益服务社，简称慈爱。

躁轻狂，但这一路的经历却让我逐渐变得沉稳，学会洒脱做人。

生命中的小确幸

我是幸运的，在我成长的每个阶段，总有一些人或事能够给予我正确的人生指引。也许我忘记了他们是谁，忘记了他们在什么地方帮助了我，但我永远感恩这些生命中的小确幸。因为他们在我需要的时候，告诉我应该怎样去做，怎样去成为最好的自己。

埋下"助人"的种子

我是由爷爷带大的。我的爷爷是一名中学教师，在我还小的时候，他就经常主动承担组织校友会和开展社群活动的职责。我常常跟着爷爷去学校，在一旁看着爷爷认真负责地完成这些工作，有时候我也会主动帮忙做准备工作。那时，年幼的我还不知道何为"利他主义"。但爷爷用一次又一次的实际行动，在我的心里埋下了"利他主义"的种子，这对我的一生产生了重要的影响。

读"文"的梦想

高中时期的我还处于懵懂的状态，我不知道考大学是要选专业的，我只知道遵循父母的期望，"好好学习，考好的高中，然后再上好的大学"。只是有时候我会在心里默默地想"读理科实在是太苦了，大学我一定要选一个文科专业"。高考填志愿的时候，我填报的第一志愿是应用数学，第四志愿才是社会工作。虽然没有被第一志愿录取，但我却挺开心的，因为我"读文"的梦想成真了！

社工教育重塑了价值观

2001—2005 年，我在华东理工大学度过了本科生涯；2008—2010 年，我又读了香港理工大学和北京大学合办的社会工作硕士课程[①]。社工教育可以说是重塑了我的价值观，利他主义、优势视角等观念都是社工教育带给我的。我这么多年在社区里也接触了许许多多的残疾人和失业人士，在服务的过程中其实会看见很多负面的东西。但社工教育告诉我，我还是需要对他们有一个正面的想象，我还是需要用正面的价值观来引导我的服务。在我工作遇到困难的时候，社工教育总能给我一些启示。

留在了社工领域

差一点儿去了外企

大学期间，我一直在一家审核公司的培训部当实习生。这个部门的德国上司对我的表现非常满意，他希望我毕业后能够继续留在他们公司上班。但是因为毕业专业实习的要求，我找到了社联下的一家社会组织[②]，进行了3个月的实习。

临近毕业，学校催促着我们赶快签三方协议。我刚开始还在犹豫要不要回到德国企业，带着点犹豫，我还是跟这家社会组织签订了三方协议。我当时的想法很简单，就想看看社会工作在将来到底会发展成什么样子。没想到签完协议的第三天，这家德国公司就打电话问我要不要回去签协议。要是他们提早几天给我打电话，我也许就去德企了。就是这三天，决定了我留在社会工作行业继续发展。

还是想从事一线服务

从华东理工大学毕业后，我的第一份工作是在东方家园。这家机构主要是做3～5年的社区规划，我在机构中扮演着访谈员和资料整理员的角色。

① 香港理工大学应用社会科学系与北京大学社会学系自2001年开始合办社会工作硕士课程。
② 即下文提及的上海东方家园社区事务推展中心，简称东方家园。

我通过访谈来了解社区的一些基本情况，有时候也会协助收集项目资料，撰写社区规划的初稿。

在东方家园工作 1 年后，我就选择去了上海市慈善基金会浦东新区分会[①]。2006—2008 年，我对基金会还处在不断加深了解的阶段。基金会的各个方面我都会有所涉及，从项目接洽、执行跟进、后期反馈到资助方的维护、志愿者活动的规划等。

2008—2012 年，我同时在基金会和慈爱上班，几天在基金会，几天在慈爱，就是这样一种工作状态。我在基金会的主要工作是向捐赠人匹配适合的项目，能够直接接触服务对象的机会不多。但就像很多社会工作专业的人一样，我始终有着从事一线工作的情怀，加上这么多年的基金会工作经历已经让我熟悉了基金会的工作模式，所以经过各方面考量，2012 年我选择离开了工作整整 6 年的基金会。

阴差阳错成了负责人

2008 年，汶川地震激发了中国各界空前的慈善捐赠热潮。也就是在这一年，个人捐款数额首次超过企业捐赠数额，大灾中迸发出的巨大民间力量影响深远，这使得 2008 年被誉为中国慈善事业上的“公益元年”。我当时就在思考：除了资金类的捐赠，还有其他类型的捐赠形式吗？慈爱正好就是以物资捐赠为主的机构，它的主营业务与我的想法非常契合。加之这些年与慈爱合作，对慈爱也有了一定的感情。经过多方面考虑，2012 年 6 月我选择全职去慈爱工作，担任慈爱的负责人，将自己的工作聚焦于物资捐赠。

我觉得社会工作专业是有前景的，就一直在这个行业发展，结果阴差阳错成为机构的负责人。我一直认为我比较适合做执行，我能够把已有的天马行空的想法落实好。但机构负责人很不一样，机构负责人需要做很多开拓性的工作。成为机构负责人后，我的确碰到了很多需要去处理的事情，其

① 前身为上海市慈善基金会浦东新区办事处，2004 年 10 月更名为上海市慈善基金会浦东新区分会，现有 32 个社区慈善超市、242 个经常性社会捐赠接收点和物资配送点。

间也经历了很多痛苦和纠结。但不得不承认这个过程很有意思，在这个过程中，我可以把我的一些梦想变成现实，同时收获了满满的成就感。

慈爱，在风雨中前行

起步：吸纳下岗人群

慈爱成立之初是为下岗再就业人群服务的。20 世纪 90 年代末国家实行国企改制，大批 40～50 岁的人员从纺织厂、钢铁厂或一些大型的国有企业下岗。他们中的大部分人在工作岗位上任劳任怨工作了几十年，只掌握了工作岗位上需要的技能。下岗后，他们中的一部分人会自谋出路，选择自己做小生意或者到新岗位重新就业，但大部分人需要接受再就业帮扶，否则就可能会成为低保户。

慈爱在 2003—2008 年，主要服务这些 40～50 岁的下岗工人，为他们提供在服务社工作的机会。他们在慈爱的主要工作任务是对捐赠的物资进行分拣、修补、整理，之后再将这些物资拿到慈善超市[①]进行售卖。

转型：困境中的探索

2008—2012 年，慈爱的服务开始不断调整。汶川地震发生后，慈爱的工作主要是以抗震救灾为主，将物资分拣整理后寄往灾区。但在 2008 年捐赠经历了井喷式的增长后，捐赠物品的数量开始急剧下降，募捐陷入了困境。2009 年之前，慈爱接受的捐赠品的很大一部分来源于沃尔玛、家乐福等大型商超，这些大型商超有大量的物品需要处理，慈爱会定期接受他们的物品捐赠。但在 2009 年之后，这些大型商超纷纷在企业内部设立慈善基金会，把部

① 慈善超市最初起源于美国，主要业务是接受、处理和销售市民捐赠的旧物，并且用销售这些物资得到的善款为残疾人、失业者等兴办各种类型的福利工厂、职业培训机构和就业安置场所。一般采用“前店后厂”模式，即前面是慈善商店，后面是捐赠物品的维修处理车间、工厂。

分商品卖给内部员工，再将所得的钱用于公益事业，慈爱因此失去了这部分资源。加上那时候大众的公益意识还不像现在这么成熟，不少人认为“地震期间我已经捐过了，现在不需要再进行捐赠了”，从而导致个人捐赠品数量大幅度减少。

2008年，淘宝也开始流行。淘宝流行之前，一些外贸公司会将外销不掉的物品进行捐赠，但淘宝流行以后，企业、个人开始在淘宝上卖东西，又分化掉了一部分资源。所以，慈爱不得不思考在没有捐赠品的情况下应该怎样转型，怎样生存下去。

慈爱开始慢慢探索一些小型的项目式做法。一开始的关注点还是在寻找捐赠物品上，慈爱设置了寄卖服务，希望大众可以将他们用不到的物品拿到慈善超市进行寄卖。而寄卖所得一部分会返还给寄卖人，另一部分用于捐赠。之后，慈爱又尝试与阳光之家等机构合作，希望能够将他们的一些康复服务、社区融合服务放在慈善超市进行。

聚焦：精细化的服务

从2012年到现在，慈爱不断探索如何将服务模式精细化。2012年，上海开始进行大规模的公益服务项目招投标。慈爱开始将原有的一些小型项目发展成为招投标项目，以项目支撑慈爱的运营。这期间，除继续进行捐赠和慈善超市的业务外，也开始拓展业务。慈爱尝试在上海市杨浦区、江苏省昆山市开设慈善超市，希望以慈善超市为基础平台，把融合服务和捐赠服务向外区拓展。但是很遗憾，这些拓展全都失败了。环境改变之后，机构的运行模式出现了很多水土不服的情况，很多地方还需进一步改进。但慈爱并没有因此气馁，继续以浦东为基础，希望把这个模式做得更加精细之后再进行推广。

2016年前后，慈爱开始尝试把项目精细化。慈爱发现项目的众多板块中，最受大众欢迎的是慈善超市兼职和职业培训，所以就向上海洋泾社区公益基金会寻求资金帮助，希望将这两种服务进行完善。所以从2016年起，慈爱的服务主要聚焦在慈善超市兼职和职业培训这两个领域。

无处不在的公益元素

发展到现在，慈善超市的业务已经比较完善了，慈爱对慈善超市的运营模式、优势及劣势也有了更深的理解，所以开始思考在门店融入更多的公益元素。原先人们在慈爱的门店，除了买的是捐赠品，营业人员是困难群体外，看不到其他公益元素。所以我希望慈爱的门店在今后能融入更多的公益元素，让人们能够很直观地发现慈善超市的公益性。

首先，慈爱会继续销售捐赠品，会把门店的前台、后勤以及销售渠道的岗位继续开放给社区中有需要的特殊人群，如精神康复患者、残疾人等。在很多情况下，推进这些人群就业需要企业特别的包容，但大部分以营利为目的的企业还无法做到这一点。而慈善超市作为一个更为包容的平台，可以让他们在熟悉和适应社会化组织运作的过程中，最大限度地训练社会所需要的能力，促进他们与社会的融合。

其次，慈爱会尝试从慈善超市的装修特色来体现公益性。慈爱目前的业务以物资捐赠为主，而在这些物资中，衣物是最多的。我了解到目前有一种技术，能够将废旧衣物变成板材。我想之后慈爱可以将捐赠品中未处理掉的衣物再生成为板材，用这些板材来制作销售品的展架。慈善超市门店销售的物品都来源于捐赠，超市的展架都由衣物再生而成，超市的服务人员都来自社区就业困难人群……这样，慈善超市的货品、物品、服务人员等全都具有了公益属性。

将服务社带上新台阶

曾有一位专门从事社会企业研究的老师说过，“慈善超市可以向社会企业[①]转型”，但我目前还不急于转型。社会企业在中国还没有明确的定义，社

① 社会企业是一种创新型社会组织，不仅有别于政府、企业，也有别于通常意义上的非营利组织。是一种介于公益与盈利之间的企业形态，是社会公益与市场经济有机结合的产物。

会企业的注册形式也还没有定论。在慈善超市的探索过程中，我认为没必要特意给自己一个定义，这样反而会限制服务社的发展。前些年我还会刻意强调慈爱不是社会企业，而是社会组织，但近几年我不再特意强调慈爱的定位了。

对于机构未来的发展，我希望能够将慈爱带上一个新的台阶。我希望它的未来能够跟恩派①、新途②这些社会组织一样，得到社会和更多项目购买方的认可。我希望慈爱在未来的3—5年能够发展成为独立运作、发展良好的社会组织，并且能够做出自己的特色。

成长中的管理者

慈爱：资源对接的平台

慈爱就像是一个资源对接的平台，是为企业、个人提供捐赠物资的平台，为社区困难群体提供他们所需的资源。目前，机构的业务主要有三个部分：物资捐赠、慈善超市的运营（包括做浦东慈善超市的指导）以及社区帮扶，但主营业务仍然是物资捐赠。

机构筹集物资主要有线下、线上两种渠道。就线下渠道而言，慈爱的每一家慈善超市都是接受物资捐赠的平台，人们可以把要捐赠的物资直接送到慈善超市；就线上渠道而言，慈爱在2016年加入了由壹基金、阿里巴巴公益和菜鸟网络联合发起的全国捐赠物品联盟——一JIAN公益。人们可以直接通过菜鸟裹裹下单，把他们要捐赠的物品快递过来，这过程中他们只需

① 恩派公益组织发展中心，简称恩派，成立于2006年，是中国领先的支持性公益组织，业务遍及全国40多个城市，是民政部评定的5A级社会组织和“全国先进社会组织”，致力于公益孵化、能力建设、社区服务、政购评估、社会企业投资、社创空间运营等领域，合作伙伴遍及各级政府、基金会和世界500强企业。

② 上海新途社区健康促进社，简称新途，2006年在上海浦东新区注册成立。新途主要通过社区健康促进项目和对社区服务机构开展能力建设，促进弱势人群的健康与发展。

要支付一点点邮费。这两个渠道是慈爱的日常捐赠渠道，当然慈爱还有一些单次的线下捐赠。一些组织或企业会进行一些物资捐赠的活动，发动自己的员工捐赠物资。我会请他们按照慈爱的要求进行整理，然后再去取。还有一些企业会捐赠他们自己生产的产品，我会跟这些企业进行沟通，之后按照约定好的方式进行捐赠。

现在上海市民政局对建设慈善超市有“全覆盖”的要求，规定每个街道或镇必须拥有慈善超市。慈爱是整个浦东新区慈善超市的业务指导单位，但这些慈善超市的差异很大，有的做得不错，有的跟理想中的慈善超市还存在较大差距。我理想中的慈善超市，首先应该能够正常营业，其次应该能够协助社会组织进行社区帮扶。慈善超市要参与到社会组织的活动和义卖中，除了协助社区完成捐赠工作，还要协助社区完成其他工作。

慈爱社区服务项目主要针对特殊人群的资源对接和职业帮扶。此前，慈爱的服务涉及社区中的残疾人和就业困难人群，现在计划向精神康复方向发展。慈爱通过链接社会资源，帮助他们从家庭、福利院中走出来，促进他们与社会有更深的融合。

资金：分期到款也是挑战

慈爱的资金主要来源于政府和基金会购买服务、社会化资金筹款，政府和基金会购买服务的比例差不多各占 40%，社会化筹款相对较少，大约占 20%。

政府购买的服务，项目款项的支付周期会比较长，这对社会组织来说是个不小的挑战。对于政府购买的服务而言，一期的项目资金可能会分三次到账，比例一般是 4∶3∶3 或者 4∶4∶2。分三次付款的项目，第一笔款项一般到账比较快，在签完协议的一个月内就能够到账。但由于政府采购的项目和参与机构的数量都比较多，第二笔款项往往得等到所有项目都做完中期评估，政府拿到中期评估报告后才能拨款。但是这个时候，可能已经是到了项目即将结项的时间了。评估机构又要紧接着进行末期评估，末期评估基本上还是跨年才能完成。一年的项目，一般要跨完年，甚至是项目结束半年后才能收到末期款项，这对机构的资金链是非常大的考验。前些年，慈爱的资金还能够维持运作，但近年也已经越来越吃力了。

离职：不一定是坏事

慈爱目前有15名全职员工，这样的规模在中小型社会组织里已经算是大的了。机构的员工分为三类，分别是负责行政工作的人员、负责项目运作的核心业务人员以及负责一线门店营业服务的人员。

机构员工离职，在我看来是一件最正常不过的事了。我认为工作的第二年或第三年，是员工面临的一道坎儿，我自己也是这样。2005年毕业后，2006年我就换了一份新工作。2006—2007年，虽然不是我主动要求，但我也被派到特奥会，做着与原工作岗位完全不一样的工作，2008年又被派到慈爱工作。所以在2012年之前，我的工作岗位每隔一两年会发生一次变化。2012年以后，我的工作岗位虽然没有再发生变化，但每隔一两年机构的具体业务也会发生一些变化。机构业务变化了，员工的具体工作也得跟着变化，如果员工不能适应这些变化，工作发生变动就是再正常不过的事了。

作为慈爱的负责人，我当然希望员工能与慈爱一同成长，但是离开对员工来讲也不一定是件坏事，也许他更加清楚自己的需要，也许他找到了更感兴趣的点，也许他有机会到更高的平台迎接新的挑战。当我不能阻止变化的时候，就要勇敢地接受并拥抱变化。

同时，身为慈爱负责人，我需要综合考虑人力资源。这些年社会组织在成长，项目的采购方也在成长，对项目执行的要求越来越高，如果有些员工的能力不能满足项目执行的需要，工作表现影响了项目的成效，进而影响机构的发展，那么他在这时候离职对慈爱来讲也不一定是件坏事。

男性加入，机构有所不同

良性发展的社会组织的成员应该有男有女，有男性的加入，组织的发展方向可能会有所不同。社会组织的规模相对较小，不能像企业一样采用严格的科层制管理模式，所以我知道的社会组织一般是采用团队协作的方式来实现组织目标，在这一过程中，机构负责人可能什么都要管。女性负责人往往坚持“细节决定成败”，苛求于细节，这在大多数情况下是女性的优势。但是身为机构负责人，有时候不能过于讲究细节，不然很难抓准机构发展的方向，我有时就会因为过于关注细节而忘记发展方向。而男性负责人在机构宏观发展方向的把握上往往会比女性占优势，所以男性的加入也往往会让组织有所变化。

管理：教练式领导力[①]

作为慈爱的负责人，我几乎什么都要管，从业务到行政各个方面都有所涉及。除了找发包方、找项目、找资源外，我还需要负责慈爱的内部管理和项目质量的监管。像我这样的负责人，在机构中扮演着管理者和业务员的双重角色。

第一次接触到领导力这一概念是因为上海交通大学的一位老师，当时我只认同“领导者”的这个身份，而不能充分理解“领导力”的概念。后来，我又有机会参加一个专门针对领导力的培训，培训的效果虽然谈不上特别好，但是它让我开始重新思考自己的职业定位，重新思考自己在慈爱到底应该扮演什么样的角色和需要承担什么样的责任。以更加开放的心态去看待“领导力”的概念后，我认为作为机构“领导者”还是需要不断地进行“领导力”的修炼和学习，我希望能够形成适合组织发展、符合组织特色的领导风格。

对于我来说，比较理想的领导模式是教练式的领导形式，但事实上很多时候我还没办法完全做到。在慈爱的日常管理中，我需要督促项目

① 教练式领导力是一种用于人员开发和帮助员工自主实现工作目标的模式和方法，使员工在组织中能以最大的热情和创造性来工作，并把个人目标和组织目标结合在一起。教练式领导力的关键是，上级对下级更强调双向互动而不是单向命令的管理模式，并且更频繁地使用激励、启发和诱导的手段，以教练的方式激发下级管理者的主动性和创造性。

和核心工作的推进，有时候就会出现家长式作风或用其他比较传统的管理模式对待机构员工，这也是我需要进一步提升的地方。我会从服务的视角来对待志愿者、合作伙伴，把他们当作我需要服务的人。将服务的精神贯穿在与志愿者、合作伙伴的相处过程中，多从他们的角度想问题，这样就比较容易做得好。但是在与员工的相处上，我还需要继续努力。

ABC 的志愿服务经历

2016 年，我加入了美好社会咨询社[①]上海分社做志愿者。我是客户关系部的总监，负责维护曾经接受或即将接受 ABC 服务的社会组织的关系。我的第一项工作是在接触客户的前期，帮助他们去厘清公益咨询是做什么事情的；第二项工作是帮助他们明白公益咨询可以帮到他们什么。

我们在工作过程中发现，很多公益组织其实并不清楚自己的需求。有的机构找到我们，希望我们帮忙做公益品牌。但是聊下来我们发现，他们对战略及业务产品都还不清楚，只是为了做品牌而做品牌，其实这时候做品牌是没有意义的。所以我们需要帮助他们做一些需求的厘清，帮助公益组织明白他们真正要做的是什么。之后我们项目组会介入这些寻找帮助的组织 3 个月，为他们提供管理咨询方面的服务，之后我们会进行客户回访，了解服务成效。

在 ABC 的志愿者经历，对我的本职工作也产生了一些影响。ABC 的志愿者大部分来自国内外知名的大型企业，进入 ABC 提供志愿服务还需要经过层层面试。ABC 的志愿者在创造力、执行力和内驱力等方面都较强，他们把一些优秀的管理经验输出到社会组织管理中来。从与他们的接触中，我对机构管理又有了新的启发。首先，我以前很困惑社会组织到底应该怎样

① 美好社会咨询社（A Better Community，简称 ABC）是中国公益界首家完全由志愿者向中小型 NGO 提供公益咨询服务的组织。

进行绩效管理。在社会组织里建立关键绩效指标（KPI）[①]是很难的，它需要追踪很多数字。但社会组织往往每年会有多个项目，而且人力资源有限，不太可能实行这样的绩效管理。在 ABC 我了解到了目标与关键成果法（OKR）[②]，这是一种关键目标导向的管理方法，这样的绩效管理还是可以运用到社会组织上的。结合关键目标指标与项目管理，能让我们更清晰地整理出机构发展需要达成的里程碑阶段。

又比如，以前我也困惑于社会组织如何制定标准操作程序（SOP）[③]。这是机构服务规范化、标准化必须有的制度，它规定了岗位职责和标准业务流程，员工根据 SOP 可以很清楚地知道第一步、第二步、第三步要做什么。在与更多的企业管理者交流以后，我也清楚了社会组织一样可以制订 SOP，一样可以把服务流程规范下来。

参与志愿服务其实是学习的过程，志愿服务经历让我掌握了一些管理知识、工具和技巧。一个机构健康发展的关键在于机构的管理，好的管理可以促进业务的推动，帮助机构快速进步，但现在我们的社会组织缺少的正是好的管理。

结　语

与我们上大学的时候相比，现在的大学生更加清楚自己想要什么。我

① 关键绩效指标（Key Performance Indicators，简称 KPI）是一种重要的绩效考核工具，常被运用于人力资源领域。它结合了目标管理和量化考核的思想，通过对目标层层分解的方法，使得各级目标不会偏离组织战略目标，可以很好地衡量团队绩效以及团队中的个人贡献。

② 目标与关键成果法（Objectives and Key Results，简称 OKR）是由英特尔公司前 CEO 安迪·格鲁夫（Andy Grove）根据德鲁克的目标管理理论设计的目标管理工具。OKR 在 1999 年创建后，陆续被推广到谷歌、甲骨文、通用电气、领英、脸书等国际知名企业。员工全程参与目标的制订，从而充分发挥员工的主观能动性，并且指引领导者与团队成员设定更具挑战性的目标，追求更大影响与贡献，最终实现企业的卓越管理。

③ 标准操作程序（Standard Operation Procedure，简称 SOP）就是将操作过程的每一步骤用书面的形式固定下来，形成语言简洁、明确的指令性书面文件，使操作有章可循，做到标准化、规范化。

想对这些大学生，尤其是社会工作专业的大学生说，公益行业的前景还是美好的，我希望能有更多优秀的人才加入社会组织，从事公益服务。但更重要的是，我希望他们记住，不论将来是否从事社会工作领域的工作，一定要在上学期间培养自己跨专业学习的能力。

大学最重要的是掌握学习的能力，只要我们拥有学习能力，做什么都不难。我常常听到一些人抱怨自己专业的就业前景渺茫，但其实只要我们自己愿意学、想学、用力去学，机会还是很多的。

综合能力在未来还会是一个很重要的能力，我们要保持学习的动力。单纯依靠社会工作专业知识从事社工工作是绝对不够的。现在整个社会的变化真的太快了，所以对社工来讲，一定要站在社会的角度，去了解这个社会在发生什么事情。千万不要只看到社会工作，不要被社会工作禁锢，一定要保持开放性。如果我们把社会工作的价值观、概念抽象化，就会发现社会工作的核心就是开放、包容，对服务对象是这样，对自己也是这样。

不久前我参加了华东理工大学社会工作硕士的毕业答辩会，我看到有些同学已经开始关注大数据之类的比较前沿的技术，我觉得这是好事情，因为这就是跨专业的能力。但需要提醒的一点是，我们的眼光也要放得更远一点，千万不要只盯着一些数据或者工具本身，我们要做工具的主人，要会运用那些工具。

克切拉[1]：流浪者之家

城里的月光把梦照亮
请温暖他心房
看透了人间聚散
能不能多点快乐片段
城里的月光把梦照亮
请守护它身旁
若有一天能重逢
让幸福撒满整个夜晚

——摘自歌曲《城里的月光》

以前，站在公益之路的起始阶段，往往习惯从表面去揣测一个人，从表象给对方贴标签。但当我认真细致地聆听完他们背后的故事，便不会再如

① 克切拉之家是隶属于北京世纪慈善基金会的一个民间公益团体，简称克切拉，旨在服务社会上的弱势人群，帮助他们重新找回生命的尊严与希望。

此轻率地从表面去定义对方，而是学会从故事的背后探寻他们的情绪和需求。

点燃一丝丝亮光

藏着故事的街角流浪者

从前，只要提到“流浪者”，我们心中浮现的就是如“乞讨者”“衣衫褴褛”这样的负面词语，有时候更会感受到一种危险感。走在街头，看到他们时甚至还会慌忙躲开，最多也不过是给他们投一点钱。无论是心理层面还是物理层面上都想要和他们保持一定的距离。

我第一次正式关注流浪者这个群体，是在2011年到马来西亚吉隆坡旅游时，我和朋友参加了当地的一场公益活动，作为义工为当地的流浪者送食物。那一次，我的内心受到了很大的触动。我深深地感受到流浪者和我们一样都是活生生的人，他们和我们一样也有自己的人生和尊严。街头的每位流浪者都有自己的专属故事，选择流浪的背后也必定有他们的苦衷。

我们遇到一位流浪者，他原本在一家不错的电梯公司工作，后来因为工作出了一点意外，头部跟身体都受到了不同程度的伤害。公司给了一点赔偿金让他进行治疗，但治疗过后他依然日夜受着无尽疼痛的折磨。治疗过后一贫如洗，他还丧失了工作能力，药吃完了钱也花光了，便只能用酒精来麻醉自己。还有一位女士，她的丈夫多年前不幸患了艾滋病，被同村的人知道后便受到了歧视和排斥，后来还被村里人联合赶出了村子。她心中充满着对丈夫深深的同情，决定要和丈夫一起离开，不希望他独自面对痛苦。虽然后来她的丈夫去世了，但她还是没有办法再回到村子里生活，无奈之下只好流浪街头。这些流浪者背后的故事并不如我们想象中的那么简单，并不纯粹是因为没钱而忍受流浪街头的生活。

从马来西亚回来以后，我就在思考是不是可以为流浪者做点儿什么。事实上，他们只是想要在城市里努力地生存下去，他们所需要的也很简单，也许是一声问候，又或许是人们的尊重。但我一想到“如何做”“谁愿意参与”“钱从哪里来”等问题时，心里就很纠结。后来想想与其这样纠结着，倒不如直接开始行动。于是我就给朋友打电话，表达了我的想法，说：“姐妹们，我们开始做吧！”她们问：“那怎么做呢？”我说：“我也不知道，反正就开始做吧！”

我们并不知道流浪者会在哪些地方逗留，尽管平日里似乎随处可见，但等到真正要去找他们的时候，却又很难找到。后来我们决定先从徐家汇开始找。然而，我们内心都会有隐隐担忧，不知如何“搭讪”对方，也不知道对方会给予什么样的回应，还担心他们会有所戒备。我们最后决定从这些问题入手，比如“你是哪里人呀？”“你来上海多长时间了？”“你现在住哪里，如果我们明天来给你送食物，你愿不愿意收呢？”令人惊喜的是，他们很友善、很健谈。慢慢地，我们和他们走得越来越近。

愿他们最终有所归属

在成立克切拉之前，我和几位朋友合作创办了克切拉素品茶餐厅①（以下简称素食餐厅）。我们抱着很美好的期待，希望传递健康素食的理念并为人所接纳。

我们的第一次活动集合地就在素食餐厅，店员还带上了豆浆和饭。就这样，大家一起抱着食物开始了发放活动。从第一年到现在，我们的发放活动从来没有中断过，而第一次的发放活动也成了克切拉成立的标志。

尽管素食餐厅营业不到一年就关闭了，但我们还是沿用了克切拉这一名字，也许这家餐厅曾经存在的意义就是让我们开始走上这条公益的道路。成立克切拉的初心很简单：流浪者需要被关注，需要过得更加有尊严一些。

---

① 克切拉素品茶餐厅因运营状况不佳而在开张一年之后关闭，但是“克切拉公益”一直坚持至今。

焦点转变，跨越产后抑郁

记忆中在我女儿出生后的第一年，我特别容易哭，有时候想到食物不安全就会很难受，看到空气污染、水污染的新闻就会很担心。我不断在想“我为什么要把孩子带到这个充满危险的世界”，对很多事情都感到无能为力。那时我并没有察觉到自己有轻微的产后抑郁症状。

但在开始做克切拉之后，我发现我能为这个世界的改变做点什么。其间，我也没有特意去看医生，但在做公益的同时，我的抑郁症慢慢治愈了。在认识到自己所做的一点一滴能够助人之后，我也开始更加乐观地看待世界，觉察到自己的力量，感受到这个世界还有爱和善意。

义工汇聚的力量

有伤痛，更有成长

团队刚成立的时候只有我和其他几位女性朋友，但当时她们有其他全职工作，所以就只有我一个人全职投入克切拉的管理中。一开始我很紧张，因为我学的是播音主持专业，对团队管理一窍不通，只能慢慢体会学习。尽管那个时候我们并不是正规的社会组织或者拥有很庞大的团队，但还是有许多事情需要完成，所以那个阶段的我非常忐忑，总觉得每次活动我都必须到场，因为我担心活动现场会发生突发事件，而其他人并不知道该如何去处理。同时，我们也需要人手。我们当时就想，到底要通过什么样的途径才能够让更多的人认识克切拉并且加入呢？我会每周把活动的时间、地点、所需物资以及流程都发到微博上去，很幸运，真的有义工来了。

但在宣传的过程中，我也受到过质疑，最令我难受的是受到了来自熟人的质疑。那时为了让更多的人知道克切拉，我很兴奋地告诉周围的人，我期待着他们能够认可这一做法并且加入进来，但有的朋友不认同，觉得这是一件没必要的事情，或者觉得做这件事情带有其他的目的。当时我很委屈，对别人失望，也对别人会这么看待我而感到沮丧。当朋友说出怀疑的话时，我当场就哭了起来，并且转身离开。很长一段时间内我都拒绝和他们再联系。几年后，有一天，当时的一个朋友找到我说："啊，天天，我看到你们还在做这件事情，坚持那么久，我觉得你们好棒啊！"之后每隔一段时间，她就给我们捐一笔钱。当朋友开始这样转变的时候，我的内心感受到了温暖。做公益让我更多地"看"到自己，也"看"到了别人。我觉得这是一个不断成长的过程，慢慢地我学会放下别人的质疑，不会像一开始时那样觉得受到伤害，我甚至开始去理解和感谢这些质疑，因为正是这些质疑让我思考很多事情，我发现自己变得越来越包容。

义工：相互吸引走到一起

很多人不敢相信，这几年克切拉的所有活动都是通过兼职义工来完成的，从最初8名义工到现在100多名义工。这几年我们会聚了好多和我们一样愿意去了解流浪者、帮助流浪者的人，队伍也开始不断壮大。

在很多情况下，我们机构内的事情通过义工就可以完成了。比如之前有一位流浪者的眼睛有问题，我们通过其中一位义工的帮助联系到了医疗资源。那位流浪者做完手术之后，需要住在医院，也是义工轮班去照顾他，一直到他能够生活自理。但是这毕竟是少数，如果当流浪者的需求不断增加后，我觉得也会出现很多无法解决的情况。因为人手和资金有限，我们目前只能专注于食物和物资的发放。当碰到特殊情况时，我们便做专项处理；如果没有能力帮忙，我们会寻找其他机构合作。

在团队的发展过程中，我会去考量影响团队生存与发展的一些因素。这几年，我们虽没有突破性的成长，但在持续进步，从不被认识到被越来越多人认识，最后获得了那么多人的认可与支持。一直以来不是只有我们在做，还有很多人在付出。

寻找更多的帮助

口碑支起的公益

克切拉的资金主要来源于捐款，我们凭借自己的口碑获取资金支持。

很多义工会主动给克切拉捐钱，并通过发朋友圈的形式呼吁自己的朋友捐款。很多爱心人士都定期向克切拉捐钱，还有很多人看到我们的公众号之后也会往我们的微店转账。克切拉去年通过这样的募款形式，一晚上就筹得了十几万元的资金。在此之前，我从没想过会有这么多人关注我们，并且愿意在克切拉需要的时候给予帮助。这件事对我的触动很大，它给予了我更大的动力——我们的身后还有很多人愿意付出，不只是我们几个人在努力。

一些义工的朋友是企业的负责人，他们看到义工发的朋友圈后，就会主动联系，希望跟克切拉一起合作。他们除了捐款外，也会定期参加克切拉组织的活动。例如有一位服装公司的负责人不仅给克切拉捐赠了义工服，每年元宵节还会与自己的员工带着做好的汤圆来参加活动。

经常有人问我们："你们缺不缺钱？"我们说："不缺。"按照目前的操作方式，钱不是我们发愁的问题。不过如果遇到像就医这样的案例，我们就会发起募款活动。

百分百用于活动

克切拉现在隶属于北京世纪慈善基金会，这些年我们就一直挂靠着这家基金会。这家基金会的财务公开透明，管理费、税费由企业专项捐款，所以也从未向我们收取行政费用，我们的捐款也就能全额用于流浪者关怀。克切拉自己也会有行政支出，运输、会议等方面的支出有专项捐款，不会从活动资金中支出。目前，我们一直没有动力去注册社会组织，首先是因为我们的规模很小，不希望产生任何管理费用，希望尽可能减少运营成本，将捐款百分百用于克切拉的公益活动上。所有资金都是我们自己募集的，再从专项基金中支出，同时基金会会对我们的财务进行审核，也会对活动进行指导。随着流浪者需求的不断增加，我们会面临很多无法解决的问题。比如，我们可能需要帮助流浪者看病，这就需要大量的资金支持，如果有这样的情况，在未来我们可能需要与有公募资质的基金会合作，这是我们对未来的展望。

我们与救助站

我们没有注册，所以像我们这样的草根公益组织与政府接触的机会还是比较少的，也不知道政府能够给予什么支持。我们在与救助站接触的过程中，发现救助站本身有很明确的工作内容和目标。但救助站的资金有限，只能解决一些短期流浪人员的问题，比如一些刚到上海找工作，结果身体出现状况需要治疗的人。但我们接触到的更多的是长期流浪者，即使把他们送回老家去，他们在那里也无法获得太多帮助。对他们来说，回老家还不如在这里流浪。

“活着”就是流浪者的勇气

回家的关键在于心理上的距离

日本的流浪者在数量上远多于中国，这可能是因为中国家庭能够给予很多的支持，个人不到万不得已不会选择流浪这条路，所以像上海这种国际化大都市的流浪者相对而言真的很少。

但流浪确实是一个很难解决的问题。经过多年观察，我发现能够改变流浪生活的人不多。对于流浪多年的人来说，与周围其他流浪者相比，他们觉得自己过得还不算最差，再加上没有资源，没有机会，所以他们很难再进行改变。我们很多人都觉得身份证丢了就去补办，回家，不就是买一张车票的问题嘛！但问题并没有我们想得那么简单，很多流浪者不回家，是因为他们曾受到过一些伤害，一直不能与家人和解，或者没有面子去面对家人。对于他们来说，回家的关键不在于路程的距离或者车费，而是在于心理上的距离。尤其是对于老年流浪者而言，改变他们的想法非常难。

流浪者老张是个例外，他的改变在流浪老人中极为少见。老张年事已高，流浪到上海之前，他已经在外漂泊了 5 年。由于双目失明，他每天戴着一副眼镜，拄着一根盲杖，因此大家都叫他“张眼镜”。有一次，我们向每一位流浪老人征询新年愿望，老张的愿望是“希望能够看见，哪怕只有一天”。以前我们都认为老张的眼睛一直处于失明状态，但后来才了解到他以前是能够看见的。据他的说法是，有一天他吃了很多的大蒜，之后就突然看不见了。我们就带他去医院检查，看看到底是怎么回事，结果发现其实是白内障所致。知道病因后，我们就募款给他做手术。在义工的陪伴下，老张做了手术，可喜的是他已经可以看见模糊的人影和色彩了。

在这之前，我们已经跟老张认识 3 年了。这 3 年中，我们在与他聊天时经常会问他：“老张，你想不想回家？”老张一直回答：“不想。”因为眼睛看不见，没有劳动能力，在流浪之前他一直住在姐姐家里。有一次，姐姐不在家，家里的小孩说话不礼貌，让老张受了刺激，他就出来了。因为家里的亲戚没有挽留他，他心里一直不好受，所以打“死”也不想再回去过寄人篱下的生活。

在老张做完手术后，我们就一直劝他：“老张，你现在眼睛都能看到了，你想不想回去呢？也不一定要回去住，就是回去看看嘛！”慢慢地，他就有了一些改变，他觉得回去看看也不是不行，就回去看看，也不想那么多了。之后，我们的义工联系了当地的社会组织，把他送了回去。当时他的户口已被冻结，义工找到了当地的民政局，经过多方努力才解冻了他的户口。见到亲人的老张心情非常激动，当时就说：“那我就不走了。”我们就把他安置在一家养老院，过了一段时间又帮他申请了五保户。老张 70 多岁了，还能够改变自己流浪的生活，他是幸运的。

看山不是山

刚开始做流浪者服务的时候，我们总能听到很多关于流浪者的故事，看到街友背后的辛酸和无奈。这不仅会影响我们的情绪，也会让我们不自觉地把这种情绪带到自己的生活当中。但是我们告诉义工们，随着服务时数逐渐增加，我们要能面对这些缺憾，我们不能在流浪者面前伤心流泪。尽管流浪者身上有许多的缺点，比如懈怠、自卑、拖拉，但这些缺点在我们身上也同样存在。所以，我时常会思考为什么他们的生活是这样，而我们的生活相对来说却幸运得多。如果我出生在他们那样的家庭，我能不能和他们一样勇敢地活着呢？

追寻我们认为值得的

毕竟我们要跟自己过一辈子

一路走来，有支持的声音，也有反对的论调。我的父亲，他在言语上是反对的，但在行动上却是支持的。他认为服务流浪者这一项公益不是我要做的事情，更何况我做了那么久，已经仁至义尽了。他见到我就会说："可以停啦！这不是你要做的事情，做那么久可以啦！"但我去给流浪者送食物的时候，我父亲也会来帮忙。我的丈夫则扮演着纯粹的支持者角色，为克切拉捐款捐物，为流浪者创造就业机会，把资源介绍给克切拉。最令我感动的是，我去参加义工活动或者需要去开会的时候，他会在家把孩子们都照顾好。我女儿现在年纪还小，身体比较虚弱，但只要她身体状况不错，天气也还可以，我就会带她一起来送食物，她很喜欢参加这样的活动。

无论是支持的声音大于反对的声音，还是否定的论调大于认同的论调，我认为最重要的还是要学会倾听自己内心的声音，而不为外界的声音所干扰。于我而言，做公益让我能从中收获很多的快乐和成长，我觉得是值得去做的，我也愿意花时间去做。除了照顾孩子之外，我需要在家完成很多克切拉的管理工作，但我认为这很值得。

结　语

每一个人的心中都有一颗想要帮助别人的种子，可是，很多人在衡量一己之力后，就会开始怀疑自身的力量是不是太渺小，甚至激不起水花。但在某个恰当的时机，种子总会发芽。现在回想起来，原来这颗种子在幼时便埋在我的心底，只是还未发芽。

小时候，我和妈妈走在马路上，我看到一只几个月大的小狗被一个暴虐无道的男人绑在路灯下不停地抽打，随之而来的是小狗不断发出的痛苦叫声。我的双脚在行走，但眼中噙满了泪水，心里十分难受，不忍小狗被人欺侮，但又十分无奈，无奈于自己明明很想解救这条小狗，但又不敢上前，这是一种无能为力的无奈。后来，想起那条无辜、可怜的小狗，我的内心便会感到内疚，如果当时自己能够勇敢果断地去阻止，小狗的结局可能会完全不一样。

还有一次，我和几位小朋友正在街边玩耍。一位身上带着伤的流浪老人走向我们，他问："能不能把你们家的水龙头打开让我喝点水？"因为街上的水龙头都是上了锁的，我们便打开家中的水龙头让他喝。那时年龄尚小，我们并不知道要如何去帮助他。只是发现旁边有一根木棍，我们将木棍随手捡起，跑到老人跟前，说："这根棍子给你，如果你觉得冷了你就可以把它烧了。"小朋友的话天真稚嫩，但是那位老人却郑重地向我们道谢。

很多时候，我们想去改变令人感到不满的现状，但是却常常囿于没有足够的能力而没有行动，直到内心认为非做不可的时候，我们才会开始行动。一旦我们做了尝试，才发现原来并没有那么困难。我们每周发放食物、物资，每周让老人在固定的餐厅吃一顿饭，我们能做的确实不多，只是尽绵薄之力去为他们做一点事情。

克切拉并没有很宏大的愿景，只希望这些流浪者最终都会找到自己的归宿，在义工的陪伴下，他们的内心会更加平和。我们也没有能力将克切拉做得很大，也没有办法配备全职员工，甚至我自己也无法全职投入，因为要照顾孩子和家庭，志愿者也因工作而无法全身心投入。所以，我们并不知道克切拉未来会是什么状态，能够为多少人提供服务。我们的服务群体也很特殊，并不是说我们愿意，流浪者就乐意接受我们的好意，我们能做的是在流浪者需要的时候提供些许的支持和陪伴而已。

和普[①]：让社区温暖 1℃

愿这世界如童话
抱着想象实现它
就凭摘星的手臂
为地球每夜放烟花

——歌曲《就算世界无童话》

我既是一名学校心理咨询师，也是一名公益行业里的“打杂”人员。我不仅希望拯救一个人，还要温暖一座城。

我很早就开始做公益，而第一批认识的人都已经不做公益，慢慢转到其他行业了。在做公益的一路上，我遇到了很多有趣的朋友。有的人离开公益圈子，他们就会自嘲说：“我被公益淘汰了。”我说：“不不不，你去挣钱了，以后还可以帮助更多的人。”

---

① 上海闵行区莘庄和普青少年服务中心，简称和普，2009 年发起并于 2014 年注册，现为 5A 级组织。

在和普的几年里，我从没想过挣钱，这对我来说不仅是一种磨炼，也是一种考验，让我知道在公益中保持初心是多么的重要。

赚来多一秒，奉献多一点

“8岁一难”

在我很小的时候，有人说我“8岁一难”。那时候我从来都不相信这些说法。但是，当我8岁的时候，手被烫了；16岁的时候，被别人打了；24岁的时候还经历了更恐怖的事情——我们那儿当年最大的一起刑事案，有人认为我可能活不下去，结果我还是活下来了。从那以后，我以为自己看淡了生死，但到了32岁的时候，我的内心仍充斥着对未知的恐惧。那一年临近春节，我对两个儿子说：“你们陪爸爸回三亚过年吧，万一我在飞机上引起了飞机失事，我会内疚的，你们走吧。”然后我就和妹妹在上海过年，幸好后来没有发生任何事情，从那以后我就感觉很轻松了。我经常和孩子说：“我这辈子的每一分每一秒都是赚来的，我会把每一天都当成生命的最后一天去生活。”我对生活始终充满感恩，在参与公益的过程中也很愿意奉献自己的一份力量。

多年以来，我为公益而奔走，主要是因为：第一，我认为自己可以从中受益；第二，我认为自己的时间都是来之不易的，在帮助他人的过程中，一分钟会变成两分钟，我便可以收获多一倍的快乐。

“大材小用”做公益

我本科读的是华东理工大学石油加工专业，毕业之后我出国攻读心理学的课程。当时英国学校的招生对象一般是心理学相关专业的硕士或博士，或是护士、医生，但我并非心理学专业毕业。老师之所以会录取我，是因为他看中了我的性格，他认为我很适合从事心理咨询，所以我进入了心理咨询这个行业。其实心理咨询的本质是助人，这也是我后来选择做公益的一个很重要的原因。英国老师一直鼓励我们做公益。我当时也主动参与了一些公益项目，这对我来说是很好的机会。后来我发现，哪怕自己的力量有限，也可以为很多人带来希望。

2009 年我回到中国后，便创办了和普。最初，我婆婆和老公都特别支持我，我爸爸既不支持也不反对，我妈妈和妹妹非常反对，她们说："你多管闲事，管得无边无际，甚至都没有时间做自己的事情。"因为我当时从英国回来，英语很流利，她们就觉得全职做公益有点儿"大材小用"，还不如去外企找一份正正经经的工作。但实际上人生并非只是这样，全职做公益并不代表浪费人才，做公益同样可以发挥自己所长，实现自己的人生价值，履行社会责任。

我现在在华东理工大学担任心理咨询师。很多学生离开家乡，怀着满腔的热情和期待来到了大学，但是来了之后忽然觉得很迷茫，心理上可能会产生很大的落差，默默承受着很大的压力，甚至觉得突然之间身边没有朋友了。如果这个时候恰好有一名心理咨询师帮他一把，陪他聊聊天，跟他说"这是一种常态，每个人都会经历迷茫"，一步一步打开他的心扉，也许他的焦虑就会慢慢地减少。有心理压力的人精神状态往往不好，严重的就会导致精神病。一个人在青春期患上了精神病，这甚至可以摧毁他的整个人生。

我特别愿意给大学生做心理咨询，因为给他们做心理咨询是一个共同学习和成长的过程。我把在做公益的过程中学习到的服务技巧和方法运用到心理咨询中，这对学生会有特别大的帮助。同时，我在做公益当中吸收的正能量也会传递到他们身上。这些学生的困扰并不复杂，反而非常简单，我的这些正能量就可以引导他们正向地看待问题。所以我说，做公益跟心理咨询其实是相辅相成的。要做心理咨询，共情很重要，但共情需要有一定的阅历和经验，而做公益恰好可以让我认识很多人，开阔视野，慢慢地积累更多的人生经验。

远亲不如近邻

我刚入住小区的时候感觉很陌生，尽管小区里的人都很好。刚开始我想为我儿子找朋友，但是他在小区里和别人打招呼却没人理他，这样的社区环境并不利于孩子的成长，所以我就想为孩子建立一个朋友圈，这也是我做公益的初衷。我认为我的快乐和孩子的快乐很重要，这是无价的，我愿意花很多的时间来陪伴孩子。我愿意把我的知识分享给小区里的妈妈们，然后再传递给她们的孩子。

我想我们可以为小区做点事情，最开始是针对孩子开展了一些公益活动。只要有节日，比如说万圣节，我们就组织孩子参与义卖，孩子们可能很纯粹地觉得义卖是件很好玩的事情，就会问："那么多钱干什么用啊？"我会告诉他们："是捐赠给某贫困地区的。"我们的第一次义卖活动是给西藏的孩子们捐赠衣服，这个时候需要运费，我就会告诉孩子们："将义卖的钱用作运费"。最初他们还不太理解，到最后孩子们就会慢慢地明白分享很重要。所以我逐渐意识到，要先给孩子们营造一个乐园，慢慢地去打造社区友好、助人的人文环境。

我们小区有一种文化叫"守望儿童"，就是当我想知道我的孩子在哪儿时，如果有人愿意的话就会拍张照片发给我，让我知道孩子在哪里。这是一个很友好的社区，在一个人文友好的社区中做公益，能够让我们一直保持着做公益的初心。俗话说"远亲不如近邻"，我和邻居们的关系很好，能够互帮互助，这是一件很幸运的事情。

从0到1，赢得口碑

既缺钱又缺场地

和普刚成立的时候，成员只有我和小区里的一些全职妈妈。特别幸运的是，9 年了，有些妈妈还在参与和普的运营，依然为和普贡献着自己的力量。

我居住的小区是一个特别成熟的小区，认同公益理念的人很多，只要呼吁，就会有很多人参与进来。和普是做社区营造的，所以我们就扎根在社区当中。社区居民做公益所投入的时间成本相对较少，这为我们倡导“随手做公益”提供了很多的便利，所以在人员招募上并不存在太多的问题。

和普最开始遇到的最大的困难是没有钱，其次是缺场地。比如，义卖活动需要做宣传画，但无处可去，后来就决定让各位妈妈来我家，坐在地毯上一起画，这种感觉很温馨。我现在也很怀念那些日子，因为没有钱，要用的纸、笔等物资都是大家一起凑的。后来英语俱乐部的课程逐渐增多，我家由于太小就不适宜做课程场地，就将地点转移到我们小区的小兰亭茶馆了。一路上总会有很多热心人给予我们帮助，有些人会邀请我们到他们的场地上课，还为我们准备瓜子、点心等。

远程公开课：开启儿童的世界大门

2013 年，我们开设了远程公开课，现在叫“空中课堂”。那时，上海交通大学的学生在暑期去一些乡村或者偏远的山区学校支教后发现，有一些课程对当地的孩子很有效果。但是，暑期过后他们就不能继续开展课程了，所以希望我们可以接棒为这些孩子上课。刚好有一位全职妈妈特别热心，她问我“怎么办”，我说“那就做呗”。后来，我们就在她家开始了第一节远程公开课。接下来的一整个学期的课程都是在她家阳台上上的课，后来才借到了社区的棋馆，就开始在棋馆给孩子们上课。到现在，远程公开课的内容已经很丰富了，涵盖法律课、急救课、心理科、美术课等。

很多偏远山区的小学可能不缺教学工具、课本、桌椅，甚至是学校环境也不如我们想象中的差，但是由于地域的原因，这些学校缺乏讲课的老师，学生们缺乏探索世界的机会。而远程公开课给予他们的，可能正是这样的机会，为他们打开了新世界的大门，看到了更广阔的世界。

远程公开课的老师都是靠“刷脸”请来的。这些来自学校、社区、企业的老师愿意参与公益，愿意奉献自己的一份力量。以前我们陪老师上课，因为有一些老师在刚开始的时候会比较胆小，或者说经验不足，就很需要身边有人可以陪着她们。

我们一直都没有刻意地去联系乡村学校，因为和普的口碑一传十、十传百，陆陆续续有很多的乡村学校主动联系我们。一路走来，我们的志愿者老师从开始时的五六个人变成八十多个人，我们的合作机构从零个到五六个，服务的小学从一所到十所，这就是我们的品牌影响力。

“抢”了第一批5A级社会组织

2015年，和普有了突破性的发展，成为上海5A级的“新青年中心”。以前我并不知道评上5A级社会组织的难度，在2015—2016年我作为评委去参观和走访上海市的社会组织，为其他社会组织评定等级时，我才发现原来争取4A、5A级社会组织并不像想象中的容易。和普也算是一个幸运儿，当时的竞争者还不是很多，评估方仅考察了我们的活动次数、志愿者人数、参与人数、服务成效等。这可能是其他社会组织无法企及的，于是我们就“抢”了第一批的5A级社会组织。

“社区温暖了不止1℃”

和普有很明确的使命和愿景，我们致力于“让社区温暖1℃”。肩负着这个使命，我们不断地往前迈进。正所谓众人拾柴火焰高，有了大家的参与和投入，这个社区温暖了不止1℃。

我们最初的目标是“和普要在莘庄取得一定的影响力”，后来说“要在闵行取得一定的影响力”，最后变成了“要在上海取得一定的影响力”。很神奇的是，我们品牌的影响范围早已经不局限于上海了。那些给我们捐赠物资的人无形中就成了我们的品牌传播者，无论是在北京、山西，还是在江苏的人。我们举办大型活动的时候，就会有很多人从其他地方过来学习，这正体现了和普的品牌影响力。

和普现在总共服务 18 个社区，包括我们孵化出去的组织所覆盖的人群，已经服务了 10 万多人。我们自称和普是中国最大的社区型纯公益组织，但尽管如此，我们的组织还是很缺钱。我坚定地认为社会组织的运营需要钱，做公益不是无成本的，包括投入的时间也是成本。但是我之所以跟大家讲和普是纯公益组织，是因为各位妈妈把她们的时间都贡献出来，化作这种互相的给予。

“做公益，为大家”是和普始终坚持的理念。和普“奥赛项目”的负责人丽琴老师联系的一家企业捐赠了 2 000 斤优质大米，然后我想都没想就说：“那就莘庄 1 000 斤，江川 1 000 斤，莘庄那边有一家慈善超市，还有一些残疾人的子女，他们都非常需要。江川那边也有这样的人，他们都挺需要的。”我们正好在这两个地方都开展公益服务，于是就把这 2 000 斤大米给捐出去了。后来我们的丽琴老师才想起来说：“我们和普有这么多志愿者，我们应该给每个人一袋的。”大家在做公益的过程中不会先考虑自己，这就是和普的公益理念对大家真真切切的影响。

和普人对和普都特别有感情。工人装修的时候把门上挂着的和普牌子取了下来，大家就觉得和普没有了。我当时没有意识到原来大家对这块牌子的感情这么深，因为和普是我们一起建立的，没有和普这块牌子，就像没有了灵魂一样。

和普，让人变得更靠谱

我就是个“打杂”的

我内心从来没有觉得自己是一个女领导，我不太擅长管理，虽然我号称是和普的专职人员，但实际就是一个“打杂”的。很多人都认为我很谦虚，其实我一点儿都不谦虚，我认为我的工作就是“打杂”。我不会直接要求任何人去做什么，大家从来都是主动去做想做的事。比如，我从来不说“你把地扫一扫”，也不会安排大家“今天你打扫，明天她打扫”。

和普有 30 多个项目经理，有阅读、义卖、烘焙、亲子书屋、远程公开课等各种项目，每个项目都由一个团队负责，每个团队都有两个项目经理。比如，远程公开课最初是由阿娟老师开设和管理的，后来她和她的老公移民了，我就把这个项目交给另外两个老师——晓慧老师和燕林老师。这个项目从 2014 年开始就发展得比较成熟了，基本上不需要我花太多的精力。从招募老师、志愿者，给志愿者和老师进行培训，到买美术、心理课程的各种道具，她们把所有的工作都做了。这个工作量非常大，也特别考验人的耐性，但是我们的项目经理和志愿者都很靠谱，完全有能力把事情做好。

周末公益活动特别多，我偶尔也会去支持、协助。但是当活动太多的时候，我丈夫可能就会对我总往外跑有意见，他说：“你需要在周末的时候顾顾家。”我就争取周六出去协助活动，周日照顾家庭。慢慢地大家都越来越强大，她们特别认真细致。比如，一场大型的义卖活动，她们从头到尾都策划好了，也不需要我操心，所以我周六也不需要出去了。

管理，从信任开始

和普的课程比较多，比如，一学期上 16 节心理课和六七节美术课，所以上课要用的材料，如彩泥、画笔等都需要老师做到“心中有数”。她们每周课特别多，而我就是个打杂的，尽可能地给她们提供支持和帮助。

和普里的人很多，大家都是志愿者，我就是把大家联结在一起。包括我在内，几乎所有人都没有补贴、工资。和普采用扁平管理和信任管理的模式管理志愿者。比如，我们很多人都有机构的钥匙，在大家的共同管理下，既不会丢钥匙，也不会丢东西，所以我们觉得这是一件很幸运的事，可能是因为给予和收到的东西是相等的，所以大家不会恶意地破坏。

机构刚开始运行时，我会根据志愿者的优势来开展相应的服务。比如有人擅长英语，我就说“你来做英语老师吧”。她说她会编织，我就说“那你成立一个编织俱乐部吧”。她特别会烘焙，我就说“那你来成立一个烘焙俱乐部吧”。这些人大部分都是全职妈妈。接下来就是安排教室和采购物资，我们为此还成立了一个行政组，专门负责管理教室、制作排班表及分配钥匙。我们还配备了会计、出纳和审计的老师，严格管理物资采购等花销。

我特别追求信任管理。比如，烘焙课的一位老师是高中生，我们把钥匙交给他，由他自己来开门，收拾完了就自己走。我们没有发现他有任何差错，这就是一个信任的过程。我对任何人都是这样的，所以大家也都成为很靠谱的人。我特别感激每一个值得信赖的人，是他们成就了和普的今天。把一个人变得值得信赖和有责任心，是我在和普做得最有成就的事情。

有一次我们其他人都有会议要出席，就安排菲妈去参加另一个会议。她从来没有参加过这样的会议，以为只是去学习，结果发现还要上台发言，她被吓得不行，想让我上。我说：“我下午也有会议，你就上台发言吧。”上台说完后，她说“心都快跳出来了”，但据我所知，她讲得很好。所以我从来不会对别人说“你不行”，也不会说“你行你上”。

我这个人特别能包容别人，不管什么样的人，只要愿意做公益，哪怕她身上会有一些缺点，我们也会尽可能地发挥她身上的优势。我经常对大家说：“我这个人有很多很多的缺点，但是大家都很乐意帮我，那我也愿意帮大家。”正是因为我们从优势视角去看待别人，这个平台凝聚的人才会越来越多，也才能发挥无尽的力量。

培育更多的公益梦想

更多人的参与，才是公益

每次别人和我谈项目的时候，我总会向他们报告我们机构的状况。我们机构很有竞争力，服务做得很踏实，获得了很多奖，而且我们的人都比较靠谱，但缺点就在于我们只在闵行区的 18 个小区服务，不能走得太远。

我们和政府打的交道特别多，司法局、法院、团委都给予了极大的支持，它们都是特别好的公益伙伴。

我们和居委会的接触也比较多。比如，我们开展活动需要的凳子、桌子都是居委会提供的，他们也会帮忙做一些统筹整理的事情，我们之间就是一种互助的关系。

和普和其他社会组织也会有一些互相学习、互相交流的机会。我特别喜欢合作，只有大家一起合作，服务效果才会更好。我现在在上海江川社区发展基金会当秘书长，会引入很多机构来一起合作开展服务，因为我始终认为公益非常需要更多人的参与。

和普做活动的场地的产权属于镇政府，我们是免费使用的。刚开始有其他社会组织到我们这里来做活动，有人对此是反对的，问："为什么要和我们竞争场地?"我就说："现在这个平台是开放给所有社会组织的。"所以我们和其他社会组织的合作也比较多，只要其他社会组织愿意到这里来借场地，我们肯定是开放的。我知道社会组织都挺难的，只要是社会组织，我都很乐意为他们开放场地。

我要做一个公益范本

我们现在做任何事情都和大家商量，包括财务都是公开的。如果谁要用教室，只要是公益性的，和大家一商量就能够安排好。我们现在只有一个市里的财政项目在支撑机构的基本运营，实际上它并不能完全支撑和普的发展，毕竟一个组织的长期运营是需要很多钱的，所以其余的项目资金就靠捐款。我们主要通过微信群、社区银行来众筹。我要做一个公益范本，希望能够靠这个范本模式坚持 10 年，现在已经是第 9 年了，目前整体的发展算是比较成熟了。

和普是一个比较松散型的机构，采用的是自助型和自我管理型的模式。其实我们就是在共建一个社会空间，在这个社会空间中，我可以去做一些信任管理和公共管理的实践。这种实践模式运行了 9 年，说明这种实践模式在特定的人群、特定的社区、特定的教育环境中是可行和有效的。如果每个社区都有这样成熟的机构，这对于社区的发展就是一件很有利的事情。

社会组织的孵化器

和普之前承接了闵行区民政局委托的一个项目，依托这个项目，和普深入了很多社区，从最初的 1 个社区扩大到 6 个社区。经过几年的努力，和普在 6 个社区中培育出了 6 支成熟的志愿者队伍，其中 2 支队伍成功注册为社会组织。所以，我们感到很骄傲。我们把和普的每一个项目都作为一个社会组织孵化出去，目前我们已经孵化了 4 家社会组织。尽管这并不挣钱，但大家都认同这种公益理念，这也是我对和普的未来的希望。有一位和普的理事说："我们孵化出去的社会组织都干得可好啦！"我说："他们干得好，我们就退后休息休息。"和普孵化出社会组织，是我们的一种成就，很多人对此不了解，甚至不理解，但这就是和普社区公益将来的计划。

在认同中成长

我丈夫是一家外企的管理人员，他非常支持我的工作，而且他会教育孩子，他的教育方式要比我严格得多。他总对我说："你对孩子太温柔了。"但是我觉得这就像信任管理，这种温柔反过来可以让孩子更加放开自己。我在 19 岁的时候认识我丈夫，但那时候我只不过是一个懵懂的小孩。他到现在还把我当作小孩一样，他说："文秀，你心里在想什么，我一清二楚。"有一天，他跟我说："你做的事情还是比较有意义的，同时又能得到社会的肯定。"他为我感到骄傲。

在这个过程中，我孩子给予我的支持是最大的。最开始的时候他们对公益根本不了解，纯粹只是跟着我一起去参与活动，他们就会接触到平时接触不到的一些事情。比如，有个晚会需要话筒，我就让我的大儿子去找物业，所以我的孩子跟物业的所有工作人员都比较熟。大儿子原先特别不认同我的做法，比如，我把家里的书都拿到和普，他就觉得我为什么把他的书也都拿了过来，我说："第一，你不看了；第二，放在这里可以分享给他人，这很重要。"于是，我的孩子就一起帮忙把5箱书都搬过来了。在这个过程中，我的孩子不断在成长，慢慢地去认同公益理念，这是很好的进步。

结　语

女性的内心比较柔软，看到问题就很愿意去解决，但是男性有家庭压力或者经济压力，他们确实没有太多的时间参与公益。对于一些女性来说，做公益是一个很好的由职业女性向全职妈妈过渡的阶段，既不会完全地脱离孩子，同时又不脱离社会，因为她在做相当于半职业的事情。我以前从来不知道什么是预算，做过了才知道；我原来做的表格好丑，做着做着就好些了，这就是我在公益行业获得的进步和自我认同感。

所以女性参加到公益中来，实际上也是一种女性赋权，她们可以发挥自身的力量，实现不一样的人生价值。和普现在是项目经理负责制，就是一个项目从头到尾都由一个人负责。我以前还会负责很多事务，现在基本上不需要操心了。因为每个妈妈都会很主动地去承担一些事务。比如，我们上一节公开课，妈妈们都会从头到尾陪着老师一起上课，这就是一种很强的执行力和领导力。

我以前不太爱说话，比较害羞，也不会跟人家说"我们一起做什么"，或者"你给我点儿钱，咱们一起做项目"。后来，我在做公益的同时锻炼了自己，从刚开始比较胆小，到现在慢慢放开自己。我特别了解女性在管理一家社会组织或者经商时的困难，但是我可以看到她在这个过程中的成长。

星雨[1]：汇聚春雨，滋养大地

我们用心和用爱创造
让新的世界诞生
在我心中我知道
这是永恒的长跑
好不容易来到这里
明天还要追更多荣耀
把自己角色扮演好
全力以赴每一秒

——摘自歌曲《一起走到》

从前我想象中的画面是，作为社工，我可以在一个高端社区跟一些有活力的人打交道，同时在交往的过程中去挖掘他们的需求。我甚至希望工作

① 上海星雨家庭服务中心，简称星雨，注册于 2009 年。

的场所楼下会有一家花店和咖啡馆，我可以跟来访者一边面谈一边喝咖啡，在这个过程中产生心与心的交流，发生心灵的碰撞。

以创业的心态去探索

“我要做社工！”

刚开始接触“社会工作”这个概念是在我本科入学的时候，面对这个专业，我内心充满疑惑。在大二的时候，我有幸参与了浦东社工协会[①]和香港资深社工合作开展的历奇训练[②]。这一次的培训经历对我的影响很大，让我离开自己的舒适区[③]，去做一些很有挑战性的事情。同时也让我感受到了团队的力量。在这种开放的空间，我可以做真实的自己，也更愿意敞开自己的内心。这类服务活动很吸引我，我就想“我以后也要做这类工作，把这种理念带给更多的人”。后来随着不断地接触，我发现这个专业真的可以帮助到人，帮助别人打开自己的心扉，与外界产生更多的联系。慢慢地，我喜欢上了这个专业，我下定了决心对自己说：“我要做社工！”

喝着咖啡的社工

2004 年，上海的社工岗位很少，而且社工机构也只有那么几家[④]。

---

① 上海市浦东新区社会工作协会，简称浦东社工协会，成立于 1999 年 12 月，是一家由上海市浦东新区的社会工作者、社会工作机构组成的行业协会。

② 历奇训练属于体验式学习的范畴，指通过一系列精心设计的历奇活动，导师循序渐进地介入，让学员处于一个既陌生新奇又充满合作气氛的环境中，经历各种不同的难题和挑战，体验解决难题、战胜挑战的成功感，同时，将经验整理、升华，然后应用到日常的生活实践中，达到教学与辅导目标的一套特定手法。

③ 舒适区(comfort zone)，又被称为心理舒适区，指的是一个人所表现的心理状态和习惯性的行为模式，人会在这种状态或模式中感到舒适。在这个区域里，每个人都会觉得舒服、放松、稳定、能够掌控、很有安全感。一旦走出这个区域，人们就会感到别扭、不舒服或者不习惯。

④ 2003 年，上海市浦东新区成立了全国第一家社工机构——上海乐群社工服务社。2004 年，政府牵头成立了预防和减少犯罪工作体系下的“三大社团”——上海市新航社区服务总站、上海市阳光社区青少年事务中心、上海市自强社会服务总社。整体而言，当时的专业社工机构并不多。

当时，上海的漕河泾街道正好想将一个高档的小区作为试点进驻社工。这个小区的硬件设施比较好，居民也陆续入住，但小区居委会还没有建立，社区管理方面完完全全就是一张白纸。刚好在临近我毕业的时候，该街道委托徐永祥教授做一些探索性的研究：研究如何在一个新型的小区里，通过社工来发展社区管理的新模式和新机制。这个项目当时有社工岗位，机缘巧合之下，我就去应聘了专业社工负责人(相当于居委会主任这样的一个职务)。我这个人喜欢冒险，喜欢挑战，不太喜欢别人直接告诉我应该怎么做，反而比较喜欢自己去摸索。在那里，我就开始探索社工如何在高档社区中发挥专业力量这类问题。

我在街道工作的过程中经历了不少的困难，但这些困难对于我，既是挑战，也是机遇。因为在这个小区里，社区管理完全是空白，甚至是一些档案信息都需要亲自去摸索。幸运的是，当时有一个资深的居委会书记带着我一户一户地走访、建立档案，了解每一个家庭的信息。她会站在居民的角度看社区存在的问题，帮助居民改善居住环境，也会从居民当中物色一些人，培养成社区领袖。我从这些工作中学到了不少东西，也感觉到了自己一点一滴的成长和变化。

功夫不负有心人

作为一个新高档小区，它的硬件设施都很好，但是软件部分就需要一步步地打造。当时街道很重视这个试点社区的项目，专门拿出一笔资金建立了一个小区网站。我们可以在网站上随时发布通知、新闻和社区信息，网站上也设置了一个论坛，居民可以在论坛上“灌水”[①]。我跟书记一起想了很多的方法去宣传网站，鼓励小区居民在论坛上和我们交流。其实小区居民的自我意识都挺强的，所以物业板块特别热闹。

自从有了网站这个平台以后，社工活动就有了宣传渠道。我们就开始

① “灌水”，此处指在论坛上发帖或发表言论。

思考服务活动的设计方案，希望增加活动的趣味性以吸引更多的居民参与。老书记比较关注中老年群体，毕竟中老年人也有多种需求，如娱乐、被关爱等。而我比较关注青少年群体，更多的从专业角度出发思考如何吸引青少年参加服务，如何整合资源为小区所用，如何发展志愿者社群等。

在这个过程中我们做了很多的努力，我们把宣传海报打印出来张贴在每一幢楼的告示栏上，每次活动结束以后会把照片上传到网站上，让大家知道我们有很丰富的活动，利用这个网站来吸引大家关注和参与。

有一次走访，我们来到了一位纸艺老师家里，发现他家里堆满了很多用纸做的艺术品。他自己有一个纸艺小店铺，恰好他有宣传店铺的需要，也想为社区做点事情，我们就邀请他来为社区的小朋友开展纸艺活动。还有一次，华东师范大学的留学生来到了我们社区，借着这个契机，我们就开展了英语角活动。对留学生来说，他们可以了解到中国的文化；对小朋友来说，他们可以练习英语口语。有了前面的一些铺垫，社区的居民都慢慢习惯了留意我们的活动信息，所以网站整体的点击率也慢慢地提高，报名人数也不断地增加。

到了 2005 年暑期的时候，活动已经安排得满满的了，我的成就感也随之一点一点地上升。在小区里探索了一年左右的时间，街道主任找我了解情况，我告诉他："虽然社工在小区居委会层面发挥的作用比较小，但是可以在别的层面发挥更大的作用。"于是 2005 年 9 月，我们就在街道的层面成立了"九点社工站"。"九点"寓意着"青年人是早上八九点钟的太阳"，这个社工站就是为社区的青年白领服务的。在机构工作的同时，我也开始攻读香港大学与复旦大学合办的社会工作硕士课程，一边工作一边读书，就这样抱着创业的心态去做"九点社工站"。虽然这并不是真正意义上的创业，而且薪水也是由街道发放的，但是街道给予了我很大程度的自由，包括社工站的发展路径和运营模式都由我自己去摸索。

后来我在创办社工机构的过程中也用到了这些实践经验，所以我认为之前在街道所做的一切探索都是值得的。

“长不大的孩子”

从2004—2008年，我们在小区平台上做了很多成功的探索，但“九点社工站”毕竟还不是一个注册的组织，于是我向领导提议把“九点社工站”注册为真正的社工机构。如果注册，机构会有独立法人，财务也是独立的，所有的事情就可以由机构自身来负责。但因为种种原因，当时并未注册。

我们在社工站平台上做了很多的探索，但做出来的成绩与荣誉无法助力机构自身的发展，因为它缺乏一个合法的身份。在这种环境之下，社工站就像“长不大的孩子”，发挥的作用很有限，作用范围也比较狭窄，就算它能为更多的人所知道，也未必能够更好地发展下去。

我该何去何从

我一直想把“九点社工站”变成自己真正的一份事业，在它独立之后就会有更大的发展空间，不独立的话就会存在很多的局限性，比如，无法招聘员工，无法扩大团队规模。

2009年，我在犹豫中离开了街道，离开了“九点社工站”。当时在王瑞鸿老师的引荐下，我认识了原闸北区民政局的有关领导。我分享了很多自己的服务经验，而他也非常想要推动更多的人去成立社会组织。在区民政局的支持下，我终于注册成立了自己的机构——上海闸北星雨社区发展中心[①]。

谱写冰与火之歌

缺乏发展的土壤

“星雨”这个名字是有特殊含义的。“星星之火，可以燎原”——我们希望

① 在闸北区和静安区合并为新静安区之后，更名为上海静安星雨社区发展中心，简称星雨社区。

可以培育更多的志愿者，提升他们的能力，让他们更好地反哺社区；“汇聚春雨，滋养大地”——我们希望整合志愿者微薄的力量，汇聚成春雨，滋养大地。

机构注册后，我们很快就承接了第一个青少年项目——“萤火虫计划”，这是一个关于青年白领帮助社区困境青少年的项目。此前我在徐汇区的服务对象就是白领群体，这也是我比较擅长的方向，而民政局比较关注贫困家庭，所以我就找了一个切入点把这两个群体联结起来。

民政局希望我们可以和街道有更多的合作来落地项目，而我们发现当时的街道领导对社会组织并没有概念，他们还不太习惯政府购买服务的模式。但是做项目，一是需要资金，二是需要有落地的地方。因为街道对社会组织缺乏了解，我们也不太可能从街道拿到项目资金，就算我们从其他渠道拿到了资金以后，也难以在街道的支持下来让项目落地。所以对当时的我们来说，生存比较困难。

我记得 2012 年的时候，机构连 10 万元都没有，但我们还要养活团队的 3 个人，那时感觉机构生存不下去了。

柳暗花明又一村

后来我们就把服务范围转移到了杨浦区，因为这里缺乏专业的社工机构。我们发现杨浦区政府对当地注册的社工机构会有一定的扶持，也会给社工提供一些补贴，于是我们就在杨浦区重新注册了一家机构——上海星雨家庭服务中心。

转移到杨浦区之后，我们就想稳定下来。活动场馆在社区睦邻中心，场地虽然很小，但对我们来说也算是有个落脚的地方了。后来控江街道也提供了一间办公室，给了一定的项目资金。所以在 2012 年的时候，我们就在杨浦区承接了场地托管服务。

迎接挑战，调整自我

从 2009 年到现在，我们的服务领域也在不断地改变，不断地调整。因为外部环境在不断地变化，政府购买社会组织服务的氛围也越来越浓，我们就不断地调整自己。我们当时就找了几个切入点：一个是青少年，一个是居委会干部的增能，还有一个是志愿者培育。但是在做青少年服务的过程中，我们发现，对青少年影响最大的其实是家长，如果我们费了很多的工夫帮助青少年成长，但是当他们回到原生家庭，很可能因为家长的影响而被“打回原形”。于是我们就开始尝试以这些青少年的家长为服务对象，为他们开展服务。

经过不断地尝试和探索后，我们开展的家长服务越来越深入，便决定停止已经做了两三年的老年服务，因为我们希望业务更加精简、定位更加清晰，所以到今天我们只关注家庭教育与妇女增能两个板块。聚焦服务领域，将服务做得精专，是星雨一直在追求的目标。

坚持专业是服务长久之计

我们在一栋商务楼租了场地，想要探索开展收费性服务，当然在探索过程中也面临压力和挑战。刚开始我们的团队对收费性服务并没有信心，尤其是遇到了一些项目宣传上的瓶颈。服务对象基本上都是因为一些公益服务才走进我们机构，如果现在开始向他们收费，他们会觉得“我凭什么要给你钱”，所以收费性服务实施起来的难度就会比较大。我们毕竟不是商业机构，我们的宗旨也是助人，但是政府委托的项目只能关注到一部分人的浅层次需求，对于那些深入的个性化需求是无法满足的。因此我们就想通过市场化的服务来满足人们的个性化成长需求。为了让团队相信收费服务是有可能的，我们还做了一些调研，发现大部分家长是愿意付费的，当然，他们对活动的期待也会相应提高。所以，凡是收费性服务，我们都会探讨它的内涵。我们对活动讲师的要求也很高，希望能让家长从服务中获得良好的体验感。

我们发现这样是很有价值的，所以我们在业务模式上就开始做一些改变，取得了更大的突破。因为这样，我们的项目资金来源可以更加多元。在高压的情况下，我也开始去逼迫自己思考业务上的事情，后来发现可以开发一些针对妇女增能的培训课程，就是给体制内的人员（如妇联的工作人员）做一些培训。我们当时的办公场地门面装修也比较好，整个场地有120多平方米，恰恰是因为这个，让区妇联看到了我们的魄力和潜力。也正因如此，2016年的5月我们就承接到了杨浦区妇女儿童活动中心1 500平方米的场地。

我现在也担任妇女儿童活动中心的主任和法人，于是我就退掉了原来租的场地，将团队转移到了活动中心。这个活动中心的场地完全是无偿提供给我们的，而且区妇联每年还会给我们一些经费，让我们运营这个场地。

家庭，是幸福的港湾

构建家长社群，发展爱的联结

我们现在的专业团队分为两个方向：一是家庭教育，二是“妇女之家”增能。

在家庭教育这一块，我们的使命是构建一个家长互助的社群，协助父母发展出与孩子爱的联结。很多父母在孩子很小的时候很努力地打拼事业，但是却忽略了孩子的身心发展。虽然这不代表他们不爱孩子，但是孩子可能会感受不到父母的那份爱。这可能会让孩子在未来的生活中面临人际沟通困难、亲密关系难以建立等问题。我们常说，很多孩子小的时候受了伤，长大以后会成为曾受过伤的成年人，再成为伤害小孩的父母，这种伤害就会世代传递。要让孩子成长，必须先支持父母，所以我们希望帮助父母看到这些问题，对自己和家庭关系有更清晰的认知，然后做出一些改变，孩子自然而然也会达到良性状态。

我们的服务人群以家长为主，主要做预防型和发展型的服务。我们的主要服务对象是0～6岁婴幼儿的家长，从构建家长互助社群开始，推动家长的改变，来促进婚姻关系和家庭关系的和谐。构建家长互助社群，即我们培育家长志愿者，并向其提供相关的增能培训。每个人都有他/她自己的优势，我们可以结合志愿者的优势以及我们的需要，让他们可以在我们的平台上充分发挥作用，从而实现共建互助。志愿者就像一颗种子，赋能志愿者就像把种子撒到不同的社区，给它浇水施肥，让它生根、发芽。我们相信，给志愿者提供滋养，可以发挥更大的能量。

在家庭教育方面，除了构建家长互助社群之外，我们会开展一些不同主题的家长课堂、家长读书会等，也采用了讲座、沙龙、小组等形式。我们在自己的平台上开展课程的同时，也会把课程输送到社区或者学校，有时会通过和企业合作把课程输送到更多的地方。

亲子主题活动服务的儿童年龄会稍大一些，大约是3～8岁的儿童，他们一般处于幼儿园或小学低年级的阶段。这些亲子活动的重心仍然不是孩子，而是孩子的家长。

在做家庭服务的时候，我们可以发现参与的人主要是女性，男性并不多。但其实在家庭当中，父亲的角色也很重要，父亲的参与对孩子成长的影响也非常大，所以说吸引更多的男性家长参与到家庭教育活动中也非常必要，这是我们要不断去努力的方向。

赋能女性，活出自我

在“妇女之家”增能方面，我们的使命就是丰富社区女性生活，具体的服务包括“妇女之家”的打造、女性文化团队的孵化与建设。

“妇女之家”增能项目就是在基层建立一个“妇女之家”，然后加入一些与妇联工作相关的元素和服务，让女性在其家庭中得到支持。我们通过“妇女之家”来打造一个为妇女儿童提供服务的基层阵地，然后去探索一种基层问题的发现与反馈机制，即鼓励妇女志愿者或者一些社区女性骨干去发现社区的议题，并探讨如何解决以及如何向上反馈。

社区中有很多的女性文化团体，但是她们的活动形式相对来说比较单一，管理上也存在较多的问题，再加上缺乏宣传招募的机制，团体成员都是一些老面孔，缺少新鲜血液的流入。所以我就思考怎样把家庭中的女性吸引到“妇女之家”这个平台上，既能够让她们在平台上得到倾诉，还可以实现自我的成长。所以我们就针对团体中的女性骨干开展增能培训，提升妇女骨干的能力，让她们通过策划适宜的活动来吸引更多的人参与进来。

其实无论是在家庭，还是在社区中，女性发挥的力量都是非常强大的。支持妇女的成长，不仅可以滋养她们的小家庭，同时还能够反哺社区，共创美好社区。我们从 2014 年就开始跟妇联合作，一直在做妇女增能的探索，通过妇女增能的项目服务了杨浦区的 12 个街镇，我们也因此积累了不少的经验。

我们的核心理念是“自我成长、关系融洽、家庭幸福、社群和谐”，但是为什么“自我成长”排在第一位呢？因为我们认为，无论是让家庭更美好还是让社区更美好，本源就在于自我成长、自我突破，而家庭和社区自然会因为自我的成长而发生改变。我们的核心工作就是协助个人创造自我与自我的联结，个人通过自我联结或者与别人的联结，促使自己去做出改变，这也是我们最想达到的目标。

结 语

我是独生女，所以从小得到的保护比较多。我创业之后，基本上也没有离开过父母，他们会帮忙照顾我的女儿。父母对我来说是很强大的后盾，他们在生活上给了我很多的照顾，让我可以安心地创业。我在原生家庭中的与父母的关系、与父母的联结和沟通，反过来又会让我思考该如何规划事业。原生家庭也让我了解到现实当中很多家庭和婚姻中存在的一些纠缠，我也会思考应该如何去解决。所以我现在还是很感恩的，好像遇到的所有事情都是不断地在成就自己。

我因为学了社工专业，所以我从孩子出生之前就开始学习如何做母亲。

我知道 0～3 岁儿童的成长阶段非常重要，所以我坚持自己带孩子。我在女儿身上花了很多时间，投入了很多的精力，在她 3 岁以前一直给她讲绘本故事，帮助她去学会对话、学会沟通，在这个过程当中我也吸收了很多知识，包括游戏治疗[①]和家庭治疗[②]之类的理念技巧。她的表达能力很强，我觉得是因为我有意识地去培养，所以她很会表达自己的想法。我对我的孩子充满感恩，因为她让我重新经历了自己小时候缺失的那部分。通过照顾她，哪怕只是陪着她去看一些艺术戏剧，也催发了我小的时候被掩盖了的兴趣的萌芽，甚至我现在也觉得自己身上的艺术细胞在蠢蠢欲动。我平常会做一些手工艺，比如衍纸插画。我现在也开始学钢琴，感觉人生是重新又活了一回。

我的前夫是江西人，而我是上海人，我们之间有很大的文化差异，甚至会产生冲突。发生冲突之后，我就去学习萨提亚[③]家庭治疗模式，当时的初衷就是想要帮助自己去了解到底发生了什么，我们之间到底存在什么问题。家庭里有某些东西让我感觉很痛苦，但我不知道是什么原因，所以我想要了解这其中的一切。为了家庭，我一直学习这些知识，我会去了解很多东西，既可以运用在家庭方面，也可以在工作上做一些实践。

现在一切都慢慢地在重新起步，自己也有了很大的改变，从一个非常理性的人，到慢慢地变成一个感性的人，我开始慢慢敞开自己的心扉，与别人有了更多情感上的联结。

① 游戏治疗，指通过游戏手段对儿童的心理和行为障碍进行矫正和治疗。游戏治疗强调以游戏作为沟通媒介，凡是运用游戏作为沟通媒介的心理治疗都可称为游戏治疗。

② 家庭治疗是以家庭为对象而施行的心理治疗方法。协调家庭各成员间的人际关系，通过交流、扮演角色、建立联盟、达到认同等方式，运用家庭各成员之间的个性、行为模式相互影响、互为连锁的效应，改进家庭心理功能，促进家庭成员的心理健康。

③ 维吉尼亚·萨提亚，家庭治疗创始人，国际著名心理治疗师。

看见爱[1]：用行动守护儿童双眼

就让爱　燃烧在　微光的天边
大步向前走　转动孤单的星球
在你眼中　看见了我
看见爱在闪烁
我想张开手　拥抱脚下的星球
在你心中　看见了我
看见爱在跳动

——摘自歌曲《看见爱》

在儿童视力保护方面，我们是否可以避免从医疗角度介入？因为医疗手段往往是一种事后的补救，只是解决已经发生的问题。我想寻找一种早期干预模式，赶在儿童眼部健康问题发生之前及时介入。

① 上海看见爱志愿者服务中心，简称看见爱。2015 年，看见爱在北京联益慈善基金会管理框架下以专项基金模式运作，2016 年在上海市普陀区民政局注册成立。

是偶然，更是必然

手术治疗

从上海立信会计学院毕业后，我一直在企业从事着非常稳定的财务工作。2010年对我而言是个转折点，我选择从营利性企业里走出来，去非营利行业（公益行业）试试水，于是就找到了当时声名鹊起的壹基金。在壹基金面试的时候，我告诉面试官未来两年职业规划：先从财务岗位做起，逐渐熟悉这个崭新的行业；两年以后转岗成为项目人员；能设计并执行一些解决严峻社会问题的有效公益项目。两年后，我真的从财务管理岗位转岗为合作发展经理，开始了在各个偏远受灾地区出差的历程，从查看捐赠项目落地情况，到带着捐赠人代表各地探访，常常会应对各种突发事件……在这个过程中，我发现公益机构的后台数据管理系统相对简单，由于缺乏足够资金与技术的支持，其硬件与管理水平都远远落后于我曾服务过的企业。特别是这样的后台数据处理系统遇到2010年玉树地震、2013年雅安地震后井喷式的捐赠热情，而且其中很大一部分是低于500元的小额捐款，这时候，无论是后台数据管理系统，还是工作人员，都面临巨大的困难与挑战。对我个人而言，因为身体过度透支，我出现了严重的健康问题。

从2013年雅安地震后，我就发现自己眼睛的问题越来越严重了。小学三年级的那个暑假里，我在暗淡的灯光下看了100多本故事书，结果四年级开学查视力就查出了近视问题，之后逐步达到高度近视。作为第一代会计电算化工作人员，我每天需要长时间面对高频闪的电子屏幕。在这样高强度的用眼环境下，我的视力越来越弱，对生活和工作已经产生了极大的影响。从2013年拖到2014年，我最终被确诊患了白内障，需要立即动手术治疗。于是，在2015年，我先后接受了两次手术治疗，这让我从一片模糊中重新看见光明的世界。

预防总比治疗好

手术完成后，我第一年视力情况特别好，从手术前的高度近视（1 600～1 800度），经过植入人工晶体的调整，终于摆脱了多年来对于眼镜或隐形眼镜的依赖，可以看到视力表的1.0了。突然就觉得面前展开了新的世界，这个世界那么的清晰、那么的美丽。在那段仿佛获得重生的日子里，我做了很多的反思，从自己小时候的用眼习惯一直到当下的情况，脑海中油然而生的想法便是“我有没有可能做一个公益项目，赶在孩子们的眼睛问题还没有恶化之前，帮助孩子们从小养成良好的用眼习惯，不必像我这样因为视力问题经历这么多的挫折与煎熬。”

抱着这个想法，我先去查询了一些相关信息，发现在北京和上海这种大城市上学的孩子们，到了五年级时，竟然已经有50%左右的孩子患有不同程度的视力问题。而当我再去仔细调研的时候发现，现实中这个问题更严峻：不是五年级，而是在孩子们升上三年级的时候，很多孩子就会忽然之间爆发视力问题。2015年3月，我真的不愿意再等待了，不希望有更多的孩子遇到像我一样的问题，我觉得到了自己一定要把这件事情做起来的时刻。于是我找到了儿童早期安全行为专家——全球儿童安全组织[①]（中国）。经过分析，我们发现，当时国内与儿童视力有关的公益项目大多是治疗性公益项目，比如治疗儿童斜视、弱视等眼疾，与儿童近视相关的公益项目是为弱视儿童筛查并配眼镜服务。经过一番沟通，最终，我成功邀请他们共同开发以早期干预为目的的“看见爱视觉健康公益课程”。

用志愿点燃公益

我们要干什么

在与全球儿童安全组织（中国）交流中，我对自己今后要做的事情有了

① 全球儿童安全组织旨在通过宣传活动、教育、调研和促进法令的制定和执行，来实现全球范围预防儿童伤害的目标。

更清晰的认识。在邀请合作方进行前期研究并研发课程的同时，我也一直在做更加具体的规划。因为这一领域在中国仍是比较新兴的细分领域，我没法找到可以借鉴学习的公益项目与公益机构。通过分析各种数据后，在2015年的起步阶段我就给自己定了目标：一是建立专业课程体系，先在校园里通过给小学一、二年级小朋友上课，不断优化实践课程，使之成为真正能扫除儿童视觉健康教育盲区的必需品；二是动员更多的志愿者了解、学习、传播公益课程；三是让原来传统灌输型的科学宣教内容变得更有趣，让孩子们愿意去学习，愿意在伙伴中进行分享。

从一开始，这个公益项目的定位就是非常精准的，就是做儿童视觉健康早期教育。现在专业课程、引导技术与实行规划都有了，那么就自然进入实施阶段。第一步，我就从优先培养学生志愿者开始，培训他们学习专业课程，并学习如何去为低年级的小朋友上课。

就从你们开始

2015年的5月24日，“看见爱视觉健康公益课程”正式发布，与此同时，我们还在上海地区开展“青春之旅”公益大赛。上海美国学校EYEducate爱眼俱乐部的中学生志愿者团队出现了，他们与上海市向明中学、市北中学等10多支中学生队伍一同参加比赛。我们对志愿者们进行了项目管理培训、沟通能力培训。在课程培训完之后，我就思考，能不能不走“服务陌生人”的寻常路，而是让这批志愿者回到自己学校，给身边的孩子们进行公益服务呢？很惊喜的是，这个想法后来实践得很好，当年除了遭到1所学校拒绝，其他几支志愿者队伍都很顺利地回到了自己学校去为小朋友们上视觉健康课程，进行社会实践服务。

在第一次的志愿者公益服务大赛中，各支学生志愿者队伍都呈现了非常完整的实践服务成果，其中上海美国学校EYEducate爱眼俱乐部得到了评委与观众的一致认可，获得了冠军。从2015年至今，上海美国学校EYEducate爱眼俱乐部的志愿者们仍在和我们密切合作，在短短的几年里，他们充分利用春假、圣诞节、暑假去学校或者社区做公益活动，志愿者队伍不断壮大，从一开始的几位同学发展到了16位成员。2017年，他们获得了由上海市民政局支持主办的“公益之申”十大优秀公益故事奖项，他们是最年轻的获奖者，真是令人很意外也很惊喜。

从他们开始，我发现了培养学生做志愿者的方法与模式。现在，我们中学生志愿者团队遍布上海的很多学校，比如上海协和国际学校、宋庆龄学校、上海市民办扬波中学等。每次想起这些学生志愿者，我就会特别开心，因为这一颗颗公益的种子就这样埋在了他们的心里，并且伴随他们的成长而生根发芽，这就是一种很理想的状态。2018年开始，我们与《上海中学生报》、上海市眼病防治中心合作。2018年看见爱青少年志愿者服务大赛再次举办，我们期待中学生志愿者在儿童近视防控这件事上绽放出更多的“创意火花”。

“小小眼睛侠”

当成功培育了中学生志愿者群体后，我开始思考是否可以招募小朋友来做志愿者。因为我觉得不能只把小朋友当作我们的服务对象，或许我们也可以激发出他们的潜能去服务他人，做小小志愿者。2016年6月6日，恰逢全国“爱眼日”，看见爱“小小眼睛侠”倡导行动开始了，儿童志愿者通过倡导视频向公众呼吁爱护眼睛的重要性，线上点击超过70万人次。同年10月，上海雪佛兰天地世界音乐节上，100多个儿童志愿者家庭登上了倡导舞台，看见爱的儿童志愿者“小小眼睛侠”从此不再只是一个符号，也是真实存在的行动者群体。家长们都特别支持自己的孩子站上倡导舞台，参与社会公益活动。于是从这时候起，我们增加了对儿童家庭志愿者的培训。

学生与家庭志愿者成为我们在志愿者培养上的成功典范，同时我们也与企业志愿者团队合作。这几年我们陆续与福特汽车、汇丰银行、渣打银行、明思力集团、依视路集团、唯品会、摩根先进材料等合作，在上海、北京等地携手走进校园与社区，开展儿童视觉健康公益活动。通过这一层层志愿者的力量叠加，看见爱逐渐形成了自己的志愿者管理服务体系。

用公益来行动

在整个看见爱公益项目的发展过程中，我一边实践，一边尝试打造合作平台，让公益项目在实践中不断优化并自我成长。从2015年开始，看见爱先在北京联益慈善基金会①管理框架下以专项基金模式运作，2016年底经上海市普陀区民政局批准成立“上海看见爱志愿者服务中心”。2017年，看见爱在募集资金和服务范围上有了明显变化，这些都是前期的努力与积累。从上海和北京出发，项目服务逐渐“蔓延”到全国各地。

从上海出发

上海有各种不同的社会服务项目，公益人也有很多的机会去争取资源、整合资源，这些机会都是相当可贵的。最早在上海开展儿童视觉健康公益项目的时候，我尝试培训学校里的卫生课老师，通过他们将课程带给孩子们。但后来发现，老师们本身就有比较大的教学压力，我们的公益项目不能为他们增加负担。当时我就果断放弃了这条路径，而是集中培训学生志愿者（大学生或中学生），以学校欢迎的课外活动形式进入校园，同样也达到了预期的活动目标。

在这几年内，我们先后获得上海市政府有关部门的支持、各基金会的各种资助项目，正是这些资源帮助看见爱儿童视觉健康公益项目茁壮成长。但在项目选择上，我们还是以创意项目为主，因为从我们服务项目的性质与定位来看，这本身就是一件极具创意的事情。

---

① 2011年，北京联益慈善基金会在北京获准设立，成为北京第一家具有公募资格的民间慈善机构，这是中国民间公益发展道路上又一里程碑。

意外的惊喜

到2016年的时候，上海这边的运行模式已经比较成熟，有系统的志愿者网络，也有政府的支持，所以我们便将触角探向了北京。我尝试着去申请北京市的市级采购项目，并提交了项目申报书。很惊喜，在3 000多个申请项目中，我们成功地入选了，获得了在北京开展儿童视觉健康早期教育服务的资金。通过组建北京当地志愿者团队，服务了丰台区、海淀区10所学校近2 400名一、二年级小学生，也获得了所服务的学校以及孩子与家长们的认可。同时，这个公益项目被评为“第六届中国公益节年度致敬项目”，可以说这是对我们在北京落地工作的高度认可。与北京的公益机构、志愿者团队合作的大门就这样自然而然地被打开了。

2016年可以说是我们服务团队成立以来具有转折性的一年，不仅是公益项目从上海走进了北京，我还很幸运地参加了中国妇女发展基金会和腾讯公益一起举办的“超仁妈妈”[①]助力女性公益行动。这既是一场女性公益项目筹款比赛，也是一次扩大社会影响力的有力宣传。因为在这次活动中获得了优异名次，所以我有机会受邀前往法国巴黎的联合国教科文组织进行参访交流，并参加了“2016女性公益可持续发展国际论坛”。在2017年的“超仁妈妈”女性助力公益行动中，我们再获优异成绩。本来我们只是一个公益项目，因为得到了一系列荣誉和认可，我们就突然被推到了一个从未料想过的新高度。

得复制出去

2015年，当我第一次提出“儿童视觉健康早期预防理念”时，很多人并不以为然。因为家长觉得这是学校的任务，而学校又认为这是家长的责任。

① 腾讯公益与中国妇女发展基金会正式携手，发起成立欧莱雅中国“助力女性美丽绽放”专项基金，通过专项基金为“超仁妈妈”创新项目评选活动贡献力量，使女性在公益慈善事业领域绽放美丽风采，以期共建“美丽中国”。

但我那时候就觉得视力问题是一个普遍性问题，它应该成为每一个人的责任。上海与北京的几次合作经验成为一种标杆式的存在，我就想着如何把这些服务模式复制到其他地区。2016年底，我们去重庆进行教学合作，但那一次并没有让我们在重庆扎根，只是做了一场一次性的公益活动。如何才能激发当地公益组织的合作意愿，共同为儿童视力健康公益事业做出贡献，是我一直在思考的问题。通过优化标准化课件，建立异地公益机构合作模型，规范合作流程与反馈流程，2017年我们在成都、郑州和永州分享了看见爱的标准课程与志愿者培训体系。当地的合作组织结合自己的经验与能力，在当地的小学一、二年级开始进行爱眼方面的早期公益教育工作，这种模式受到了合作方的高度认可。2018年，桂林、武汉、厦门的公益组织成了我们新的合作伙伴。看见爱借着这种模式不断地发展壮大，吸引了不同地区各种各样的公益组织加入，这样就会形成网状发展的结构，整个公益项目运行模式也会更加健康与合理。

看见爱的项目至今获得了不少公益方面的奖项，慢慢地影响着身边更多的人来关注这件事情。我们的每一个举动都是想把这些理念传播出去，让儿童能够从小养成良好的用眼习惯，保护好自己的眼睛。这就是看见爱一直在宣传倡导的理念。

用行动打造专业

我刚开始进入公益这一领域其实主要是因为兴趣，并没有理解公益真正的含义，也没有想到要把公益项目做得多么规模化。但是，面对儿童视觉健康恶化这样一个严峻现状，我们需要采用系统化与规模化的技术与手段，整合力所能及的各种资源，勇敢去应对挑战，找出阶段性解决路径，在实践中打造出公益的"专业性"与"有效性"。

定位：公益与企业？

我一直不太喜欢企业严苛的考勤制度，因为我觉得人与工作都是关系的产物，只要确定工作目标，估算相应的工作量与产出成果，那自然可以不用坐班、考勤，以及纠结于早上迟到的区区1～2分钟。但并不是所有人都具有自觉与自主管理的强大的自我驱动力，很多人还是处于需要靠外界制度的约束，通过奖罚措施才勉强行动、勉强应付的状态。但作为看见爱这样的小型公益机构的负责人，我会更强调时间的弹性利用与高效产出。在日常工作中，我会和员工说："你做事情不能只有开头，而没有结果。你要设定清晰的准备阶段、执行阶段与反馈总结阶段。"面对多元群体，公益机构要不断调整不断完善，不能因为是公益机构，就放低了对于工作质量的自我要求。

管理：真的很难

在我看来，公益机构的管理真的比其他部门或者企业的管理都要复杂、困难。因为一方面，我没有足够多的全职员工；另一方面，我也没有足够多的资金。我作为一名主管，要负责的不是简单的一个部门或者一个项目，而是整个机构的运营，其实就等于把一个人当多人用。看见爱成立之前，整个团队就我一个人是全职，有时候我一天就要做4场校园活动，没有办法都亲自到场，那我就必须做好人员安排与资源整合。我会提前安排好活动过程中需要的物资、人员，同时整合好媒体资源，让更多的媒体帮助我们在倡导行动中形成合力，达到传播效果。2016年6月6日"全国爱眼日"，我就在上海和北京完成了这样的合力行动，最终传播量达到了百万人次。

常有人说要加入看见爱，问原因，他们只会说："你们去给小朋友上课，很开心、很幸福"。但其实，他们只是看到看见爱公益项目整个冰山的一角，他们并没有看到冰山下面的东西。他们也无法体会我们为了一场公益活动，在前期、后期需要做的各种微小而必要的努力。而正是这一场场公益活动最终组合起来，才架构起看见爱从纵向到横向的整体公益项目。

从总体来看，看见爱的资金有 1/3 来源于政府采购，1/3 来源于基金会采购，1/3 来源于企业捐赠与网络众筹捐赠。有时候，我们也会遇到提出不合理要求的捐款人，甚至是一些希望借助看见爱公益项目把自身的商业产品或服务带进校园的，这些我们通常都会拒绝。因为当一个公益机构的目标越是明确，做法越是单纯，也就越容易获得志同道合者的支持，不必为了一些小小的私利而放弃基本底线。我们坚持公益项目与公益服务的纯粹性，负责任的态度与周到的反馈服务，最终获得了更多的认可与支持。

2017 年，看见爱和上海志领志愿服务发展中心（以下简称志领）合作。志领有专业的志愿者团队和志愿者培训能力。我们两家机构一起合作，通过招募与培训高中生、大学生志愿者进入公益课堂，共服务了 7 000 多名 8 岁以下的小朋友。

幼儿园与小学的低龄儿童是我们的服务对象，我们需要把公益项目送进校园。目前基本上有两种模式：自上而下和自下而上。自上而下的模式产生的效果并不理想。我更喜欢自下而上的模式，因为对于孩子眼睛健康这个特定的点，学校的积极性、老师的积极性、孩子的积极性和家长的积极性，缺一不可，有内在需求才会有外在的动力。上海有那么多学校，真正能够重视孩子眼睛问题的，其实也不是很多。但是，我们只要能找到这些人，通过优质公益服务带来一传十、十传百的传播，这个公益项目就会持续下去。很庆幸，我们的方法似乎成功了。

在整个机构的运营过程中，我觉得管理员工可以说是最难的了。我过去遇到的比较典型的有两类人：有创业经验的与没有创业经验的，这两类人在思维模式上是完全不一样的。有创业经验的人，内在的驱动力很强，会通过挖掘资源并整合有效资源，主动推动自己的工作更加有效能地运作。他们会有一种危机感与紧迫感，好像不好好利用有效资源，筹不到款，完成不了工作目标，机构就没有办法存活下去。自然而然他们的工作效率高，成果产出也很多。但是没有创业经验的人就不一样了，一般只考虑领导每天给他们安排多少活，大致算好工作量，熬到下班了交出去就算完成任务。在我看来，工作并不像交考卷，混个60分就算合格。甚至很多情况下，他们还没有达到60分的水平，必须再多花时间才能达到合格，这时候能算“加班”吗？这样的“加班”真的是没有多大的意义。年轻员工的工作低效问题，是我目前在管理工作中遇到的最大难题。我还需要转换思维，是不是自己要求太高了，是不是需要降低自己的期望值。所以这也是一个需要不断调适的过程。现在机构招聘对象慢慢出现了“90后”“95后”，甚至“00后”。如何面对这些新人，我觉得真是一个极大的挑战。

专业：成长与积累

一开始我并不是职业公益人，也没有系统地学习专业知识，但在我决定跳槽转入这一行业时，我就开始转变了。在做出这个决定时，家人是无法理解也不赞同的，他们对公益的概念还停留在慈善事业上。父母总是担忧，做这些工作没有“大佬”罩着，为啥还要去做？但我还是选择听从自己的心声，愿意去选择一份新的工作，踏入一个新的领域。

通过在公益领域数年的磨砺，我很幸运地获得了深圳国际公益学院的公益奖学金，成为中国公益慈善高级管理的400位国际慈善管理EMP学员之一。通过与来自世界各地的老师、同学们相处，我更加相信，做公益需要跨学科、跨领域的综合能力。所以过去的人生磨炼对我都是极其必要的，它不仅影响着我看问题的眼界、行动的能力，更是对我性情的打磨和人格的塑造。

我的第一份工作是财务管理，需要考会计师。但是备考时，每年都会挂掉一门，折腾了好几年才完成。因为我是属于创意型的，很喜欢做一些思维发散的工作，所以心思总是没有办法集中在备考上，考证对我来说自然就变得异常艰难。但回想起来，正是这段坎坎坷坷的考证过程，才培养了我现在的韧性。在项目遇到沟通与交流方面的意外时，别人都要放弃了，但是我会觉得还可以坚持，最终我也因为坚持而得到了好的结果。这些年作为一个项目的领导者，我一定要有“万能胶”的能力，这种能力不是在顺境中锻炼的，恰恰是在逆境中通过努力获得，尤其是当好几年都处在逆境中的时候，这样的逆境会锻炼一个人的韧性。以前无论是在企业里，还是在公益机构中，在遇到困难与挫折的时候，在看不清前路而感到迷茫的时候，我一直觉得自己的韧性、耐力比别人强，当别人熬不过去的时候，我总觉得自己还可以坚持，最终就看见了曙光的来临。企业里的工作模式培养了我做事情的高效率与周密性，而进入公益行业之后，对我来说最大的改变就是“圆滑”。以前我在企业里做财务管理的时候，绝对不能够“圆滑”，必须很专业、很精准，但是进入公益行业之后，我发现自己更多地是与各行各业的人物接触，有时候开展一个公益活动就要邀请几十个人，甚至上百人。在这个过程中，我需要与每一位被邀请人交流，阶段性推进活动进程。面对各种不同的合作伙伴，这个时候就是训练我的“圆滑”能力，我要想办法把这些人协调好，把事情都做好，让整个公益活动达到最佳的效果。老实讲，这一开始对我来说非常的困难，因为一直以来我都是直截了当的人。在一次次不断学习和与不同人沟通的过程中，我都会做详细的记录，不断反思，在细节上不断改进，慢慢地就把自己这种全面发展的能力锻炼出来了。所以我一直觉得“圆滑”是公益行业的人必备的能力，这其实就是一种能综合思考、协调各方的能力。

这些年来工作与生活的积累，确实也为我奠定了做公益事业的基础，身边总会有一些朋友来主动帮我，会给我提供各种机会。常有不太联系的朋友直接在微信上找我：“龚老师，我们有一场活动可以与你们公益项目关联起来，你们可以派人过来吗？”然后一扇新的合作大门就被打开了。

结　语

在看见爱从一个专项基金向一个专业的社会组织转变的过程中，每一步都给我带来了极大的影响，改变了我的人生轨迹，扩大了我的人生格局。

这几年看见爱发展得很快，2017 年，“看见爱千班计划”在上海、北京、四川、河南等地，联合 1 800 多位志愿者服务了近 50 000 名 8 岁以下的低龄儿童，获得了各种奖项与认可。今后，我希望看见爱作为“儿童视觉健康早期公益教育”的倡导者与推动者，能够更多地走出去，与更多的合作伙伴一起推动儿童视力健康公益教育。

爱心树[①]：绽放生命之美

我和你一样

一样的善良

一样为需要的人打造一个天堂

歌声是翅膀

唱出了希望

所有的付出只因爱的力量

——摘自歌曲《和你一样》

我是台湾人，随丈夫来沪已有十余载。2000 年，我的丈夫来上海工作，2002 年我带着孩子来到上海，因为我们都希望孩子能够接触不一样的生活环境。与我的很多台湾朋友不同，她们似乎都是因为丈夫被委派到上海工

① 上海浦东新区爱心树生命关爱中心，简称爱心树，2009 年起源于一支生命教育志愿者团队，2014 年 12 月 25 日正式注册成立。爱心树通过为儿童、青少年、成年人等人群提供生命教育服务，帮助服务对象认识生命、珍惜生命，建立健全的自我形象与美好的生命品格，创建幸福家庭及和谐社会。

作，不得已辞掉自己在台湾的工作来沪，她们的内心实际上都隐藏着一丝的不情愿，而我明白我就是要来这里。

种子落地，孕育新生

只为周围的孩子都好起来

来沪之前，我在台湾是一名高中老师，业余时间担任生命教育讲师。2002年来沪之后，没有局限于相夫教子的太太生活，我在家里开办了烘焙教室，做着自己很喜欢的事。我烘焙课的学生大多是全职妈妈，烘焙课有半小时烤蛋糕的空当，我会和她们讨论育儿心得、亲子关系、婚姻关系以及生命教育等话题。从这些妈妈的分享中我感受到了两点：一是妈妈们在育儿方面都感到非常焦虑，不知如何教育下一代；二是她们对在学校开展生命教育都很感兴趣。所以借此机会我就说："那我们来上生命教育课啊！因为我在台湾有上生命教育课的经验。"妈妈们都欣然同意了。于是，我引用台湾生命教育的模式，在自己家里又上起了生命教育培训课。那时候有12位妈妈来接受培训，这12位妈妈也是爱心树的第一批志愿者，组建了生命教育"爱心妈妈"团队。

后来，因为我女儿在学校发生了几件事，这再次引发我重拾"生命教育走进校园"的信念。第一件事是我女儿热情地跟同学打招呼，对方却冷漠以待，之后她的热情也逐渐退去。第二件事是在继第一件事后，我又发现女儿的班级在学习方面没有互帮互助的氛围，同学们害怕别人超越自己。这让我觉得不可思议，如果小学阶段就存在这样的心理，长大后该如何过好生活。第三件事是接孩子放学时，我发现了一个令人心痛的现象：很多家长在放学时都会给孩子带些点心充饥，可孩子们常常边走边吃边丢垃圾，家长不但不制止，也跟着一起丢，这种乱丢垃圾的行为已经成了一种习惯。[①] 我认

① 李元珺：《爱心妈妈坚持5年义务生命教育》，news.haedu.cn/gnzl/swcz/093719GxLU.html。

为爱护环境应该从小做起，我从小就教导我女儿说："如果你身边没有垃圾桶，就先把垃圾存起来，等看到垃圾桶的时候再把垃圾扔进去。"这三件事让我深深地体会到：光是我的孩子好没有用，只有周围的孩子都好了，我的孩子才会真的好。所以，我渴望将生命教育带给这里的孩子们，让更多的孩子活出美好。

一切都是最好的安排

2009 年，一个偶然的机会，让我遇见了女儿读一年级时的班主任。我和这位老师关系还不错，我向她表达了自己的一些想法，我认为"遵守秩序""分享和互助"都是基础教育中应有的教导。为什么孩子们不知道呢，不愿意行动呢？因此我主动跟班主任说："让我来试试教孩子们这些内容吧！"[①]班主任欣然同意了。我的提议能获得她的许可，这在很大程度上得益于前期我与她建立的良好的信任关系，而这一切都要从 4 堂烘焙课说起。

那时候，我女儿上小学一年级，因为她是独生女，我自觉有愧于她。为了让她"独生"而不"独身"，我会常常邀请她的同学来我家玩，让她结交更多的朋友，让她与其他孩子有更多的交流和互动。孩子们来我家以后，我会为他们准备点心，如意大利面、比萨、蛋糕等。我平时也会做一些饼干让女儿带去学校和同学们分享。

有一天，女儿对我说："妈咪，我们老师问你可不可以去学校教我们做饼干？"我说："好啊。"所以每到学期末，班主任会安排一个半小时的家长课堂，这时我便带着几台烤箱去我女儿的班级上烘焙课，让孩子们体验烘焙的乐趣，让他们有机会自己动手做饼干。班主任带了两个学年，孩子们因此总共上了 4 堂烘焙课，接触了不同且富有新鲜感的事物，也开拓了他们的视野，这也是我的生命教育课进入学校的起源。当我每次走进教室时，总能看见孩子们立刻将教室里的窗帘全部拉上，并用调皮的语气说："不要让隔壁班的

① 李元珺：《爱心妈妈坚持 5 年义务生命教育》，news. haedu. cn/gnzl/swcz/093719GxLU. html。

同学看到！”做完饼干之后，我会让孩子们每人再带两三块饼干回家，与父母一起分享。其实小朋友们自己也很想吃，但他们又很想把饼干带回家给父母尝尝，无奈只好将鼻子凑上去闻一闻以得到满足，那表情至今仍停留在我的脑海里，真的是太可爱了！

生命教育课深受喜爱

在课堂上，生命教育一直秉持着协作的理念，须由两人搭档完成，于是我找了一位同在上海的台湾好友。我向她说明自己的想法，希望她可以成为我的搭档并进学校上生命教育课。无巧不成书，好友说：“生命教育曾经解救过我。在我生命中最难熬的那段时间，是生命教育陪伴了我，我很乐意与你一同去学校开展生命教育。”一开始这门课只在一个班级开设，没想到隔壁两个班的老师们听后都希望开设这门课，所以，开课班级增至 3 个。在进课堂的同时，我也在家给上烘焙课的学生们做生命教育培训。课程深受班主任和学生的喜爱，看到这些孩子一点一点地改变，这是令我最为欣慰的回报。

找回那只迷失的羊

2010 年，生命教育“爱心妈妈”团队开始进入上海市浦东新区进才实验小学[①]授课。新任校长得知学校有生命教育课，对此既感兴趣又颇为好奇。在台湾，生命教育课程已被列入基础教育体系。校长经常去台湾考察，所以对台湾的生命教育和教育理念都有一定的了解和研究。他知道我是台湾人，便和我分享了在台湾考察时深受触动的一刻。他到了台中的一所学校，在学校大门口看到了一幅画，画中有一位牧羊人，牧羊人的身后簇拥着一群羊。可是这位牧羊人在寻找另一只羊，并用拐杖钩住这只羊的脖子，把这只

① 上海市浦东新区进才实验小学坐落于浦东新区，成立于 2003 年，是一所新兴的、现代化的、高起点的九年一贯制学校。自成立以来，学校始终致力于培养学生的全面发展。学校除了开设常规课程外，还积极开展素质教育，通过开展班级实践活动和公益爱心活动，将校内小课堂与社会大课堂紧密结合，让学生走进社会，引导孩子们多元化、层次化地了解社会、探索自我。

迷失的羊拉回来。他说："李老师，教育不就是这个样子吗？就是需要去寻找这只迷失的羊，把这只迷失的羊找回来！"当时听完校长讲的这个故事后，我心想：这个校长的理念真的很好！我们的生活要有目标，生命才会有价值。我们的生活和生命一定要平衡，就像一只鹰，两只翅膀一定要平衡，才能飞得更高更远。学校有这样一位领导不仅是学校的福气，更是同学们的幸运。

校长很认同台湾的生命教育理念，因此希望在全校开设生命教育课程。但进才实验小学有60多个班级，而当时我们只有10多位爱心妈妈，要满足学校需求确实是一大挑战。囿于我们的师资，又因校长希望我们给家长们做培训，让家长们也一起参与进来，校长于是建议我们把讲课的内容编写成一套生命教育的教材，用于培训之需。

我们都是穿围裙的"炒菜妈妈"

为了培训更多的人成为生命教育志愿者，在进才实验小学校长的建议下，我们用了3年的时间筹备出版生命教育教材。一开始我们联系上海教育出版社，没想到一去就遭到了拒绝，因为我们的人员配备完全达不到出版社的要求。出版社工作人员问我们："你们有没有美编团队？你们有没有编辑团队？"这些问题可难倒我们了，我们去哪儿找这些专业人员啊？因为我们都是一群在家穿围裙的"炒菜妈妈"。但我们并没有放弃，用了两年多的时间与出版社编辑磨合、磨合、再磨合，沟通、沟通、再沟通。为了让这一群年轻的编辑进一步地认识生命教育和志愿者团队，我们还带着他们旁听生命教育课程。

幸运的是出版社的领导和编辑们最终都加入了这项公益行动中，接过了生命教育教材出版这一棒。上海教育出版社前党委书记、副社长朱明钰介绍说："年轻编辑们组成志愿者团队，为这套丛书设计框架和体例、调整栏目、审读内容、绘制插图。"经过近两年反复地磨稿、修改、试用、完善，2014年，针对小学阶段的《生命教育》教材（1～5册）终于全部问世。我们的"爱心妈妈"终于可以拿着教材，去培训更多的志愿者，去向更多的孩子传播生命教育。

当初，我们屡遭各种拒绝，出版社对我们的专业要求也很多，现在路过上海教育出版社时，总让我回想起那段艰难的时光。如今，教材已出版多年，非常感谢出版社的年轻编辑们：因生命教育，我们结识；因生命教育，你们也成为爱心树的志愿者，感谢有你们！

其实在这套教材出版之前，我们也面临资金短缺的问题。出版这套教材总共需要 21 万元，是李巍老师的“中国下一代教育基金会李巍教育奖励基金”①给予了我们大力的支持。李巍老师作为教材的主要出资者，本来她说：“这 21 万元全部由我来出。”我们说：“不行。”最终李巍老师出了 11 万元，我们的志愿者自筹了 10 万元。

这套教材学生版的序是特地邀请上海市进才实验小学的校长撰写的，他可谓是我们这套教材的贵人。目前，上海市进才实验小学已经有 40 位老师通过了生命教育的培训，生命教育也已经成为上海市进才实验小学的特色，有 20 多个班级上生命教育课。生命教育能够受到校长的认可和支持，无论对志愿者还是对生命教育自身，都是一种幸运。上海市进才实验小学不仅购买我们的服务，每年还购买生命教育教材，免费送给上课的孩子们。最重要的是校长无论参加什么样的座谈会或活动，都会很热心地帮爱心树做宣传。

萌芽初生，砥砺前行

常保一颗美与善的心

2014 年 12 月底，爱心树作为一家非营利社会组织正式成立。爱心树理

① 中国下一代教育基金会是于 2010 年 7 月 9 日经国务院批准，在民政部正式登记注册的全国性公募基金会。通过社会倡导、募集资金、教育培训、救助资助、开发服务等方式，以开展公益项目和活动为载体，配合推动我国下一代教育事业的科学发展，促进教育均衡，致力于终身教育体系和学习型社会的构建。李巍教育奖励基金挂靠在中国下一代教育基金会之下，是由著名女企业家、慈善家、福布斯中文网专栏作家李巍女士创立。基金会由李巍女士担任主席，并由李巍女士出资，旨在支持中国教育事业的发展。

事会由 7 位理事组成，特邀李巍老师担任理事长。李巍老师于 2013 年加入爱心树志愿者团队，她的加入过程非常奇妙！

李巍老师是一名企业家，在家族企业里担任要职。但当时她已经逐渐从家族企业中淡出，很想投身于公益事业。她与爱心树之间的故事，就在这一段时间内拉开序幕。

故事还得从我们的另一位副理事长开始说起，这位副理事长是中新社的记者，之前采访过李巍老师。采访后，她俩便成了无话不谈的好友。有一次李巍老师来上海出差，这位副理事长带她去听了一堂生命教育课。李巍老师听完之后深受触动："那堂课与其他文化课不一样，孩子们很活跃，与志愿者老师很亲热，就像孩子和母亲在互动，在探索人与自己、人与人、人与自然……这些问题带给我的是震惊！我意识到这些内容在我们中小学教材中还是空白，如果能够普及，那对整个中国教育将是极有意义和价值的一件事。"感动之余，李巍老师又有一丝好奇，说："企业管理中管人最难，你们是怎样把这样一群志愿者管理得井井有条的呢？"后来，她多次与我们进行接触，除了参与定期的理事会议外，也会经常来参加、关心爱心树的活动。

李巍老师作为一名企业家，经历过商场的风风雨雨，但她仍旧保有一颗美和善的心。她那单纯想做公益的心和极强的社会影响力都是难能可贵的，邀请她担任爱心树理事长十分合适。很庆幸的是李巍老师接受了邀请，成为爱心树第一任的理事长。李巍老师加入爱心树以后，她背后的企业资源也逐步流入爱心树。作为一名企业家，她紧紧抓住每一次外出交流的机会，向外宣传爱心树。她衷心希望爱心树能够有自我造血的功能，让不同领域的资源整合到一起成就生命教育。

我们算是在投资

2014 年爱心树成立后，我们面临的问题就是如何去管理一个社会组织。其实我们都属于管理的外行，因为我们这群志愿者一直都在一线顶岗上课，团队里面没有一个人知道如何运作社会组织。爱心树成立 10 个月后我们才招了第一位员工，一是因为我们项目多了，二是因为我们需要规范化运作，要处理很多行政事务，比如，志愿者的资料存档和各类表格制作，以及项目的日常管理等。可当招聘了员工之后，我们意识到爱心树的运营需要资金。爱心树的主要服务领域还是在学校，员工要在学校做大量的管理工作。可爱心树为学校提供的服务大部分都是无偿的，未从学校取得收入，员工的薪酬要从哪里来呢？以前爱心树都依靠志愿者提供服务，并不需要运营资金，提供无偿服务就能应付。招聘员工之后，如果还一直提供无偿服务，机构就将面临难以持续运营的挑战。2016 年，我们向上海市进才实验小学表达了难处。校长在彼此信任的情况下，表示愿意负担机构一位员工一年的薪资，并且每年为孩子们购买生命教育教材。所以总结 2009—2015 年，我们算是在投资。就目前而言，机构开展服务，一开始就与学校商谈要收费，其实是有难度的。

爱心树结缘鲁冰花

爱心树有一位志愿者的孩子在上海市进才实验小学读书，这个孩子从一年级就开始上我们的生命教育课，一直到四年级。2014 年，家长们买了一些书和文具，组织孩子们去看望上海市鲁冰花民办小学[①]（以下简称鲁冰花）的孩子们。但他们觉得只送东西好像少了点什么，爱心树的这位志愿者便提议去鲁冰花上生命教育课，我欣然同意了。于是，2015 年，我们去鲁冰花给二年级的孩子们上了一节生命教育课——身体警戒区，帮助孩子们认识身体的红绿灯。课后，鲁冰花德育主任董老师跟我说了这样一句话："你们来，不要只来这一趟。"听完这句话后，我回来一直睡不着，我在想可能有很多志愿者去鲁冰花都没有做到服务持续化，今天想到了去一次，可能就没有下一次了。那时候，虽然我对鲁冰花这样一所流动儿童学校的情况不是很了解，但从学生们的眼神和分享当中，我感受到这些孩子真的需要生命教育

① 上海市鲁冰花民办小学坐落于浦东新区，专门为外来务工人员子女提供小学义务教育。

的灌溉。在我发出倡议之后，排除因为路途远而发出的反对声音，没想到有10多位志愿者老师愿意去鲁冰花，还有一些老师们想去观摩，所以每次都有20多位老师去。每次去了之后，老师们都觉得鲁冰花的孩子懂得感恩、有礼貌，回来后犹如打了鸡血一般地向其他人分享鲁冰花确实值得去，所以之后报名去鲁冰花上课的老师就越来越多。

因为户口问题，鲁冰花的孩子在五年级可能要回到老家上学。针对这群孩子，我们也专门设计了一些内容并作为课堂的侧重点，比如如何处理离别情绪，怎样处理与家人的关系等，孩子们也真的非常喜欢。现在我们的上课模式有所改变，每个班只派一位志愿者老师上课，每位老师要承担相当多的工作。所以我们对合作学校唯一的要求就是上生命教育课的时候，希望班主任在场。因为孩子们整天和班主任待在一起，而志愿者老师只有一个小时给孩子们上课。如果班主任能吸收生命教育的理念和信息，让孩子们在生活中实践，效果会更好。有时候若班主任不在，我们就会觉得很可惜。

企业社会责任新实践

学校是我们的主要业务领域，虽然很多仍是无偿服务。为了让机构可以正常运营，我们每年会承接一些企业项目。因为企业项目主要以外地为主，比如山东、云南、安徽，而爱心树的志愿者大多是全职妈妈，她们平时要照顾家庭，所以只有少数的老师可以去外地做培训。

企业项目的内容包括给企业员工做生命教育培训，为留守儿童或者一些弱势群体提供帮扶等。其实现在有很多企业不仅捐钱，还希望自己的员工能成为志愿者，承担对社会的责任。在企业开展生命教育培训时，我们会根据企业员工的需求量身定制一些项目，比如员工成长课堂。员工接受生命教育培训后，再去做志愿服务。有一些企业会在员工工作相对清闲时让他们去做一些志愿服务，这充分体现了企业的社会责任。

企业履行的是它的社会责任，爱心树的责任就是把服务做好。企业第一次把钱投入爱心树，可能与理事长的声望有关系。爱心树这些年都在踏踏实实地做生命教育，实践对企业的承诺，在企业界提升爱心树的公信力，这也是企业界持续支持爱心树的重要原因。除此之外，爱心树需要有更多的企业捐助。除了保证服务质量外，爱心树还会做好捐赠人维护工作，一般会在项目进展的前期、中期和后期，分别向捐赠人反馈项目进度和项目成效。这部分工作很重要，如果捐赠人维护做好了，他们对爱心树的支持就会持续。

企业家反哺家乡

2017 年，在安徽省爱心企业家的支持下，爱心树“励飞生命课堂”走进安徽大别山区，历时 1 周的生命教育课程项目在爱心树 4 位老师的带领下顺利展开。该项目共服务 4 所学校，1 100 名学生，服务对象中 90%是留守儿童。留守儿童问题是社会的热点问题，他们与父母双方或者一方长期分离，家庭教育缺失，父母角色缺位，分离情绪得不到有效处置。该项目主要是通过“捐赠生命教育用书”，由 4 位生命教育老师讲授“生命教育演示课”等方式，帮助学生认识“人与自我、人与他人、人与环境、人与生命”的关系，助力学生“身心灵”的全面成长，给学校教育提供新的参考，并为生命教育在当地的长期开展做出尝试和努力。

志愿相伴，向上生长

诺贝尔和平奖获得者特蕾莎修女说：“人类最严重的疾病之一就是对他人的无视与冷漠。”那么，爱心树志愿者对他人生命的重视和热忱可以说是这个社会最宝贵的财富之一。很奇妙的是，爱心树最初的志愿者都是我烘焙课上的学生，之后他们才转变成爱心树的志愿者。

志愿者，不一般

志愿者是爱心树的主力军，他们志愿服务他人，用自己的爱心去传递关爱，让热爱生命的种子在他人心中生根发芽。一般的志愿者只在活动开展过程中做协助工作，但爱心树的志愿者不同于一般的志愿者。第一，爱心树的志愿者要进学校、进课堂。教室里的讲台很神圣，教学工作需要对孩子们负责。为了保证教学质量，每位爱心树的志愿者在加入之初都需要接受为期两天的生命教育培训。经过培训后，志愿者还需要经历一段循序渐进的学习过程：5 节课堂观摩，看老师如何上课，或者观察如何做好课堂管理，协助主讲老师讲绘本、画五角星、维持课堂秩序等。这个过程约半年，之后才可以升级为主讲老师。为把控教学质量，志愿者们每月进行一次大备课，隔周进行一次年级备课。第二，爱心树的志愿者比较辛苦。大家看到的可能只是他们在教室里当志愿者讲师，但其实课后，他们还要扮演课程开发者的角色，设计成长课程。他们上一堂生命教育课，可能需要花 10 多个小时来备课。除了自己备课，他们还要参加大备课、小备课教学活动。所以，我们每次培训的时候都会强调，爱心树的志愿者不是今天有时间来服务就可以，而是需要花时间让自己去成长。

在每次培训中，我们也会一再强调爱心树除了有爱之外还有磨炼，进课堂的过程可能会让他/她的个性及其他方面被打磨。一个人上课比较简单，因为不需要和别人配合，而爱心树的课程采用的是两人配搭一起完成课堂教学的方式，不同的志愿者有不同的文化背景，和别人一起合作上课对志愿者而言是一个很大的挑战。如何与人合作，彼此帮助、彼此扶持是上好一堂课的关键。

爱心树还有一个很特别的点：我们的志愿者文化水平都比较高，不是海归，就是高学历的全职妈妈。要带领一群有文化的妈妈确实不易，志愿者可能是家中的“老板娘”，可能在某些专业领域十分精通，那我们如何与她们交流？只能用真诚换真心！爱心树的文化氛围造就了一群真性情的志愿者。因为只有真才能永恒，这也是志愿者为什么可以在爱心树待这么多年的原因。

双向成长，收获幸福

生命教育进校园，其实这是一个孩子和志愿者双向成长的过程。在这个过程中，志愿者们的需要得到了满足，也意外收获了成长。比如说，有些志愿者本身存在亲子关系问题、家庭问题，通过大备课、小备课，志愿者可以跟其他老师一起交流，这个过程有可能就解决了自己的问题，从一个焦虑的妈妈调整为理解孩子的生命教练。之前，这些妈妈们的关注焦点都放在孩子身上，使得自己和孩子的关系变得紧张。当大家聚在一起交流的时候，妈妈们在慢慢地改变，慢慢调整自己看待问题的视角，在助人的过程中也慢慢解决了自己的问题。其实有些东西很奇妙，一个人在看自己的问题时，他/她会把问题放大，当大家都有同样的问题时，这个问题似乎就缩小了。所以我们的志愿者如果能够投入的话，都会持续好几年。希望爱心树能够一直让志愿者在公益服务中经历成长，收获幸福，既让自己幸福也让周围的人幸福。在为他人建造健全生命的过程中，也建造属于自己的幸福家庭，与孩子一同成长。

意外的收获

2015 年，爱心树成功申请到了上海洋泾社区公益基金会的一日捐项目。这是爱心树的首个项目，于 2016 年下半年正式实施。项目实施过程中，我们除了在社区上生命教育课，还成立了妈妈读书会。通过不定期的读书分享和线上线下的一些课程，我们发现这些妈妈们真的很需要这个读书会，读书会对她们其实很有助益，所以我们会继续申请这个项目。我们计划在读书会中培养一些领导者，让妈妈读书会可以自我组织、自我管理。

妈妈读书会变成了她们和生命教育的桥梁。我们一年只有几次志愿者培训，有些在课堂上观摩的家长想成为爱心树的志愿者，但如果没有参加培训的话，她可能就失去成为志愿者的机会。有了妈妈读书会就不一样了，我们会先邀请她们加入读书会，大家可以共读一些书，分享彼此的感受。在这个过程中，她们会逐步了解生命教育，逐步认可生命教育理念，之后慢慢地就变成了爱心树的志愿者。现在我们有很多志愿者妈妈都是从读书会来的，这算是我们意外的收获，因为当初我们没有想过读书会的这些妈妈会成为生命教育的志愿者。

插花沙龙，接触不同

到目前为止，爱心树的志愿者是没有补贴的。为了弥补这一遗憾，爱心树会尽量在其他方面做得更完善，为志愿者们提供尽可能多的福利和支持。爱心树也会让志愿者接触更多元的领域，避免她们只沉浸在上课、备课当中。所以，我们会邀请很多外来讲师为志愿者们不定期举办插花、摄影、绘画等沙龙。

爱心树就曾经邀请过我的插花老师——陈春珍。我追随她学习花艺多年，陈老师插的不只是花，更是一种态度。她教学生插花，不只是将这盆花插完就结束，而是对自己有更多的要求，她会向学生解释每种花材的产地和寓意。陈老师不喜欢迟到或早退，她说："我的日本老师永远都是早到，在教室里等着学生来上课。"插花结束后，她的桌面保持得非常干净，花材及工具摆放整齐，地上也没有一丝被弄脏的痕迹。她不断提醒学生："插花的时候要顾及他人，很多事情不能只想着自己。"这就是一种为人处世的态度，并且表现在她的行动上了。她追求完美，凡事都要做到最好。跟她学插花，不只是学插花这项才艺，还能学到很多的人生哲理。

陈老师回想自己 18 岁开始学花艺，她说："我这一生就做插花这一件事。"她学的是"日本池坊"，相信花艺的最终目的是修养身心。确实，插花需要心静。如果插花的时候心浮气躁，我们就无法好好地去欣赏每一枝花，我们会发现这些花无论怎样去插，都会给人一种不对劲的感觉。我喜欢插花，有一点就是它可以让我安心、静心。我也很喜欢陈春珍老师，她插的花少了一份外放张扬，多了一丝含蓄内敛。那时候我向陈老师提出："您愿不愿意担任爱心树的专业讲师，每年为志愿者办两次插花沙龙？"陈老师问："当你们的志愿者吗？"我说："不是，是担任我们的专家团队成员。"她说："真的吗？可以啊，很愿意。"组建专家团队是我们近几年一直在做的事情，我们还想邀请几位心理学或生命教育方面的教授加入爱心树团队。

人的生死如花开花落

生命教育是终身教育，是榜样教育，是体验教育。死亡教育更是生命教育的一部分。有一次分享死亡教育时，有的老师提出，不知道怎么跟孩子谈论死亡。她可能只看到了死亡给人带来的悲伤和不快，并未认识到死亡的其他意义。如果我们自己对死亡都认识不清的话，怎么引导孩子去了解和面对死亡呢？曾有老师在讲授死亡教育时全程哭泣，完全陷入悲伤的情绪中。这是对死亡的误解，生命教育就是让我们认识死亡，怎么样让它变得有意义。比如亲朋好友过世后，我们一定会悲伤，但不能一直沉溺在那个悲伤的世界里，反之我们要感恩现在和珍惜现在。回想一下，逝去的人身上有哪些美好的特质值得我们可以帮他/她一直延续和传递，这是一种怀念逝去的亲人的最好的方式。

记得有一次和老师们分享死亡教育时，我的父亲刚去世两周。当时很多老师的眼睛都瞪得大大地说："唉！怎么看不出来？你还能和我们谈论这个敏感的话题！"我想说人的生死就像花开花落，我对生命的认知已有不同。我爷爷92岁过世，他特别疼爱我，他知道我很爱哭，所以会常常作弄我："唉，爷爷快死了啦！在这个世上活不了多久了。"我就哭到不行地说："你不会死！你不会死！"由此可以看出，那时的我是如此惧怕死亡。15年前，我妈妈过世的时候，我对死亡仍然存在惧怕和疑惑。记得那时的自己两眼哭得红肿，疼得要命。只要一谈起我妈妈，眼泪就不由自主地流下来，那种经历丧亲后的伤痛一直在持续。庆幸的是时间是良药，虽然伤痛依旧会留下痕迹，但随着时间的流逝，这种痛变得越来越淡了。后来我爸爸过世，当然我仍会感到难过，但这种难过消失得很快，与母亲去世时感到的难过不再一样。我自己也在想为什么会有这么大的区别？是不是因为我本身是生命教育的传递者，所以我必须假装成勇敢的样子？但后来我觉得应该是因为我对生命的理解已经和以前不一样了。生命的经历和实践增加了每个生命的厚度和宽度，因此，我感谢自己多年沉浸在生命教育的领域中。

结　语

对于很多事情，如果未经历，我们不可能变成最好。而很多时候，我们都急于求成。对生命的体悟不是靠一时的修炼，而是需要一辈子去学习、去探索、去体验的。唯有我们亲身经历这个过程，我们才有可能变成最好的自己。生命教育是我们从出生到死亡所经历的一切，在经历中探索、体验和学习。愿每个人在人生道路上都能拥有丰富美好的生命历程。

乐创益[①]：公平贸易的先行者

每一次转身都是惊喜
去追寻新的视野
每一个时刻都值得纪念
我会追逐它们到天涯
我们将来到一个崭新的世界
充满惊险和奇迹
一个属于你和我的世界
——摘自歌曲 *A Whole New World*

① 上海乐创益公平贸易发展中心，简称乐创益，于2009年9月在静安区民政局注册成立，是当年上海浦东非营利组织发展中心（简称 NPI）孵化的最早注册成功的公益组织。乐创益是中国第一家致力于搭建创意类公平贸易（fair trade）产品平台的公益组织，专注于对创意手工产品的扶持，旨在通过对“公平贸易”和“创意市集”结合的探索，以可持续的“公益（产业）”+“创意（事业）”的发展思路，倡导“公平贸易”和“创意支持公益”的社会环境。同时，保障创作者和生产者的权益，建立起创作人和非政府组织（NGO）、传统手工艺者、少数民族文化保持者及弱势群体的合作或帮扶机会，并逐步推出中国的创意类公平贸易产品。

乐创益对我而言，就是一个崭新的世界。我带着一点点的冒险精神，期待着它给我带来的每一个“惊喜”。

兜兜转转，寻找最好的自己

年轻，就要不断尝试

1994年，从上海外国语大学毕业后，我入职深圳的三九企业集团①。那时的深圳还是一座需要办理边防通行证的城市，是很多人向往的地方，而我入职的三九企业集团在当年可是非常知名的大企业，至今也仍是中国中药行业的标杆。我在三九企业集团的第一个工作岗位是九星印刷有限公司的业务员，之后又到了三九（德国）公司，从事部门经理助理的工作。

后来因为一些原因，我离开了三九企业集团。选择离职，一开始并不是我的主观意愿，这中间还发生了一些小故事。当时，三九旗下的一家北京企业的负责人到深圳交流时认识了我，他大概觉得我的能力不错，希望我去北京工作。我一直有一个要看看世界的愿望，北京正是我从来没有去过的地方。他也承诺给我更好的发展机会，我就想去试试。他建议我从深圳离职后直接到北京入职，但没曾想我到北京之后，这家企业失信了。遇到这样的事，我当时的心态也挺好的，我想“北京又不是只有你一家单位，我可以再去求职”。

很快我就在招聘会上应聘成功，入职团中央青年企业家协会下属的一家报社，我主要负责部分省市青年企业家信息的采集和报纸发行工作。这也是个不错的岗位，虽然只是个合同制员工，但据说也是有可能转到体制内成为公务员的。不过那时的我还年轻，认为年轻人就应该不断尝试、不断试

① 三九企业集团是国务院国有资产监督管理委员会直接管理的国有大型中央企业。集团组建于1991年12月，由原国家经贸委、中国人民解放军总后勤部批准成立，其前身是总后勤部所属企业深圳南方制药厂。

错。我从来没有想过工作不错就要一直留在那里，追求稳定就不是年轻人了。

1997年，由于在北京一直没找到稳定的住所，再加上家人的建议，我放弃了这份不错的工作，选择到离家乡最近的温州求职。我在当地一家知名的民营企业任职，负责总裁办公室的相关事务。

1999年从这家民营企业离职后，我到了上海的一家外企。这是一家公共关系公司，主要业务是企业形象维护、媒体传播和危机公关。之后我又去了另一家外企，在公关部任职。

我在外企累计工作了7年，后来因为企业业务发展的一些原因，我离开上海再次来到北京，先后在两家文化传媒企业负责公共关系事务。直到2008年，我现在的创业合作伙伴发现了这个挺有意义的工作领域，但由于他没有足够的条件去创业做公益，所以我就想着我可以去试试，大不了失败后再去求职。

遇见，就勇往直前

偶然知道公平贸易

公平贸易是相对于不平等贸易而言的概念。公平贸易是一种基于对话、透明和尊重基础之上的贸易伙伴关系，目的是在国际贸易中寻求最大限度的公平。公平贸易主要通过改善边远地区的生产者、工人的贸易条件和保障他们的权利，来实现可持续发展。①

我也是偶然知道了公平贸易这个概念。最初，我兼职为《城市画报》所属的"创意市集"项目服务，我的创业合作伙伴发现一些设计师需要找人帮他们代加工创意产品，但是很多工厂不愿意接这种小单子。所以，我们自然

① 世界公平贸易组织(WFTO)官网，https://wfto.com/fair-trade/definition-fair-trade。

而然地想到可以与一些社会弱势群体合作，委托这些弱势群体进行产品的代加工。这时候我们其实并不知道什么是公平贸易，还只是一种设想。

直到我们遇到了恩派公益组织发展中心（简称恩派）[①]，他们说："找人给设计师做产品、给予合理的加工报酬与国际公平贸易的公益模式特别接近。"当时，恩派在推广公益组织孵化项目，所以建议我们成立一个公益组织申请孵化资格，专注推广公平贸易。我自己很喜欢这个理念，之后也学了一些国外公平贸易的知识，我越来越觉得这个公益模式有意义，所以 2008 年我就决定离职去创业做公益了。我那时属于"无知者无畏"，对于公益行业完全处于无知的状态，如果以我现在对于公益的认知，我估计我当时反而是没有勇气去创业的。

在创立乐创益伊始，我还招了 3 名员工。但后来由于发不出工资，那 3 个人就陆续离职了。刚开始我招的都是全职，那时候不懂创业的艰难，现在是绝对不敢这么做的。现在的乐创益除了我之外，是没有全职员工的，因为乐创益的项目筹资不是很稳定。在申请项目资金的时候，如果遇到不理解公平贸易的评委，就没有项目资助来源。在这种情况下招人，对员工其实是不负责任的。所以乐创益只欢迎有意愿投身公平贸易推广事业的人来联合创业，而不希望他们抱着当雇员的想法来，因为我没有能力去支付他们的薪水。

让公平贸易深入人心

乐创益的愿景和使命从设立之初就没有太大的变化——让公平贸易深入人心，让更多人知道公平贸易就是乐创益要做的事情，乐创益要做的就是对公平贸易的理念进行传播。经常会有人问我："你的传播真的有效吗？人们真的能理解公平贸易吗?"我的回答是肯定的。乐创益的项目虽然很难用传统的评估方法进行评估，即很难收集到具体的数据，但我认为不能因为没

---

① 恩派公益组织发展中心（简称恩派）成立于 2006 年，是中国领先的支持性公益组织，业务遍及全国 40 多个城市，是民政部评定的 5A 级社会组织和"全国先进社会组织"，致力于公益孵化、能力建设、社区服务、社会企业投资、社创空间运营等领域，合作伙伴遍及各级政府、基金会和全球 500 强企业。

有数据就否定乐创益的成果。

让公平贸易深入人心的确很难，这也是我想让这个理念进入校园的原因。进入教育体系成为教学内容后，公平贸易的推广就有了更广泛的接受群体。荷兰的大学里设有公平贸易本科专业，中国未来也可以有，只是现在还没发展到这一步。

让公平贸易进入教育体系是我设定的一个目标。2018 年，乐创益开始启动绘本的创作工作，将“去远乡学手艺”①这个项目以绘本的形式呈现。绘本的出版其实是为了让公平贸易进入教育体系而准备的一块敲门砖，没有载体，随便讲会很空洞。最初只是因为“去远乡学手艺”项目的宣传素材不够，就想征集一些手绘稿。但征稿的消息一发布，有家出版社的编辑就联系到我，询问能否出版。这位编辑从 2013 年《中华手工》杂志报道“去远乡学手艺”项目后，就一直关注着乐创益。之前也有一家出版社邀我写公益创业的经历，但我觉得还没有足够多的经历可以写，所以没有答应。其实这些编辑可能只把乐创益做的事情理解成对非物质文化遗产的一种保护，对此，我个人觉得无可厚非。乐创益确实也做到了对非物质文化遗产的保护。“去远乡学手艺”项目是多维度的，涉及了少数民族文化和非物质文化等内容，范围很广，与我们公平贸易的传播并不冲突。

“去远乡学手艺”项目

自 2008—2013 年，乐创益专注搭建产品流通的平台。乐创益联系设计师和手工艺人一起合作出产品，然后再把这些产品拿到城里的各种店铺售卖。但这些产品进入市场之后，销售非常困难。由于乐创益一定要保证生产者得到合乎公平贸易标准的工钱，所以这些产品的定价偏高，在市场上完全没有竞争力。我意识到这么操作下去并没有意义。

---

① “去远乡学手艺”是乐创益在 2013 年 9 月推出的项目，通过向游客推介隐居在祖国各村落的民间手艺匠人，增加游客在行程中的人文体验，同时鼓励游客向某个村寨的民间艺人学习手工艺，并以公平贸易的原则合理地支付学费。

直到 2013 年，我才构思出“去远乡学手艺”这个项目。关于项目的想法是在 2013 年春节后形成的，但项目直到 9 月左右才正式推出。起初，项目并没有获得任何资助，直到 2016 年才有了公益创投资金的支持。

“去远乡学手艺”是带城市里的人到乡村去见证手工艺人手工制作的过程，通过体验制作过程，直接促进城里人与乡村手工艺人的相互交流、学习。另外，我也会邀请手工艺人到城市来，给城市里的人普及手工艺知识。

有些设计师想找手工艺人合作，我也会介绍他们认识。我认为制作出一个优秀的文创产品，设计师需要和手工艺人相互磨合，而不是由手工艺人直接按照设计稿做出来。我所接触到的国内设计师很难做到这一点，我曾尝试让设计师参与生产，但是没有很成功的产品。所以，目前常规的做法还是设计师提供一份设计稿，请手工艺人制作出来，此外，偶尔也会有直接采购成品的情况。

尊重劳动力的价值

其实“去远乡学手艺”项目开展了这么多年，我也发现消费者和手工艺人直接接触是能够达成交易的，关键是怎么让这些城市里的消费者进入远乡。所以，目前乐创益服务的村寨需要符合 4 个条件：一是村民要会讲普通话；二是村民的家里可以接待客人；三是村民的手工技艺比较好；四是村民有通信工具。只有具备这 4 个条件，才能满足旅客进入村寨的基本条件。“去远乡学手艺”项目在 2016 年之前已经服务了 8 个村寨，2017 年又增加了 4 个村寨，这些村寨都由各地的公益组织推荐。这些公益组织在当地做乡村建设项目，他们了解当地村民的情况，并且能够帮助乐创益和村民建立合作关系。之所以这样操作，一方面是考虑到管理方面的因素，另一方面是因为我更希望促进地区的发展，而不仅是帮扶某个个体的发展。服务这 12 个村寨，并在达成目标的过程中实施公平贸易是乐创益目前的直接目标。

体验式能力建设

在项目的运作过程中，我们也发现这些手工艺人并不认为教旅客学习能够赚钱，我认为这主要是因为手工艺人的能力建设没有做到位。

乐创益的能力建设方式一般是邀请手工艺人来到城市进行授课和体验，邀请他们来到城市教手工艺也是对他们能力的培养。他们在进入手工教室的那一刻，就已经在学习一个城市手工教室的运营了。我强调的能力建设并不是指改善上课的状态，而是让他们在体验中理解市场运作的过程。培养少数民族手工艺人的运营能力，体验式的教学效果会更好，单纯的知识讲解往往没多大的用处。

还有一种能力建设方式是让他们在交易过程中直接理解这种行为的正当性。虽然最初他们只是询问旅客或者志愿者应该怎么收费，但其实每个人提供的收费意见也都是自己对于公平贸易的理解。在这个过程中，这些手工艺人会形成自己的一些解读，这就是学习思考的过程。在这个过程中，他们吸收了其他人给予的一些信息，慢慢地学会定价，这也是能力建设的一种重要方式。

忠于初心，随性公益

资金：给谁都是做公益

乐创益项目的运作资金主要来源于基金会和一些公益项目比赛，大部分资金都是通过比赛获取的。乐创益最早的两笔资金是通过参与英国大使馆组织的比赛获得，资金来源于南都公益基金会[①]和友成企业家扶贫基金

① 南都公益基金会(Narada Foundation)成立于2007年5月11日，是经民政部批准成立的非公募基金会，业务主管单位为民政部。南都基金会原始基金为1亿元人民币，来源于上海南都集团有限公司。

会[1]。现在静安区的公益创投比赛，乐创益每年都会参加。

乐创益的资金很少，不足以再招1名全职员工。我给自己定的工资是3 500元，扣除社保之后余3 000多元，这个还是2016年之后改的，2016年之前是2 000元，我估计这样的收入是没有人愿意来应聘的。虽然工资少但工作量并不少，我的家庭经济条件尚可，所以我可以接受这样的收入。多年来，我为什么能一直推动公平贸易，而且没把乐创益做“死”，主要是因为我不像一些公益组织有很多经济方面的压力。乐创益目前只有我一个人在全职工作，其他都是志愿者在投入时间和精力，所以没有经费也不会难倒我。到目前为止，我从来没有用自己的积蓄去贴补乐创益的资金空缺。因为我认为一个机构如果拿不到项目和资助，那就意味着机构的发展已经不健康了，以我的性格，我不会硬扛，我会选择把它关掉。

项目创投的资金给谁都是做公益，别的社会组织拿了，我也不会不高兴。这些资金之所以轮不到乐创益，可能是因为其他项目能解决更急迫的社会问题。但是每一次创投比赛我都会详细讲述我做的是什么，我希望让评委明白公平贸易。但如果这次评委听不懂，那么下次创投比赛的时候，我就再来告诉他们一次。我对乐创益项目的进展一直持顺其自然的态度，能发展它就会发展，不能发展也是没办法的事。

国外的公平贸易已经做了70多年了，直到近几年，国外的有些政府才开始把公平贸易的产品作为政府会议采购的首选。国外发展了70多年，一些政府才开始重视公平贸易。所以中国发展公平贸易还需要一段时间，不能强求10年内做完发达国家70多年才做到的事情。

分享：持续存在最重要

我乐于与其他公平贸易组织交流学习，与中国香港公平贸易联盟、中国台湾公平贸易协会一直保持良好的合作关系。有人愿意找我了解公平贸

① 友成企业家扶贫基金会是经国务院批准、在民政部注册的全国性非营利社会组织。

易，我也很愿意将知识和经验分享出去。北京农研中心就是一个例子，他们要做“公平贸易和精准扶贫”的课题，2016 年特地从北京派了两名博士跟我聊。我对他们进行了有关公平贸易知识的普及，又把我国香港、台湾地区，以及国际公平贸易组织的人脉介绍给他们。现在他们做了近两年，也打算在北京成立公平贸易社会组织。

我愿意把我所知道的分享出去，我甚至欢迎竞争者的出现，这些竞争者也是在为社会做贡献。我的目标从来不是让乐创益“永垂不朽”，而是希望公平贸易能够在这个社会上持续地存在。我很乐意看见竞争者的实力能超过我，我很乐意我们发起的项目能够被复制，我也很乐意见到更多的公平贸易组织。我觉得任何社会组织都是以影响下一代为目标的，所以我需要将公平贸易理念传播出去。

志愿者：不在乎初衷

我招募志愿者主要看重两点：一是这个人一定要特别主动，二是这个人一定要有主见。如果他们没有这两点特质，真的很难坚持下去，当然乐创益的志愿者也会有流失。与志愿者接触，我首先会花两个小时跟他讲乐创益这个机构想要做什么。当然我不能指望志愿者在这两个小时内掌握所有的知识，也不能指望他/她经过这两个小时培训就完全明白怎么做。

我一般会在城市里招两类志愿者：一类是传播志愿者，一类是志愿者领队。传播志愿者负责让别人理解项目，而志愿者领队负责带旅客开始旅程。那怎么让传播志愿者去理解公平贸易呢？我主要是通过让志愿者自己动手做事，让他们在体验中明白劳动价值。而志愿者领队的发掘，我通常是在自媒体上发布路线的规划，然后等待大家报名参加。有的人来报名可能单纯是看中好玩，那没关系，因为在体验的过程中，我已经感觉到他在思考了。乐创益有个志愿者领队，当初就是因为喜欢少数民族风俗，想去少数民族地区旅行才申请做志愿者。让我经常去乡村，我的体力也吃不消，所以我一年大概会去两次，其他时候也都是这些志愿者去。

我不在乎志愿者最初的动机，因为乐创益一开始也只是为设计师寻找加工服务的组织，但是现在它已经发展成为中国专业的公平贸易推广组织了。

公平贸易，仍在路上

乐创益面临的最严峻的问题是推进过程中人们的不理解，公平贸易的推广困难重重。我在参加公益项目创投比赛的时候，没有几个人能够真正理解，常常遇到评委们沉默、提不出问题的情况。乐创益之所以发展得不是特别快，就是因为公平贸易难以被人理解，很多人都听得云里雾里的。

之前，乐创益代表上海参加了团中央的一场比赛。我在项目答辩的时候，下面的5个评委同样陷入了沉默，他们不知道该从哪个角度提问。停顿了一会，他们才问了我两个很简单的问题。我还记得第一个问题是“你们现在是在上海?”第二个问题是“你们这个操作好像跟国际公平贸易不太一样?”我三言两语就回答完了，时间大概用了30多秒。他们没有问实质性的问题，也就意味着他们并没有理解这个项目，这也就意味着他们不清楚公平贸易项目做的是什么，公平贸易项目的意图是什么，更不清楚公平贸易项目能给这个社会带来怎样的改变。

之前还有一个项目创投的评委对我说：“你们项目的实际产出不怎么样啊?”我其实有一点无奈，我觉得乐创益的成果还是可以的。毕竟乐创益只是社会组织，只能在有限的能力范围内，让消费者更理解手工艺人(劳动者)，让大家更清楚手工艺品的价值(劳动价值)。这些目标的实现需要一个过程，在短短的一年内很难完成。我现在能做的也只是在我有限的范围内，让评委理解乐创益，理解公平贸易。让公平贸易深入人心，我们要走的路还很长!

参考文献

[1] 郭颖. 帮助孩子理解生命本质活出精彩[EB/OL]. (2015－08－20)[2018－03－20]. http://app. why. com. cn/epaper/qnb/html/2015－08/20/content_266009. htm.

[2] 蓝天实验室. 剑桥海归把环保理念从自家融入到更多人的生活[EB/OL]. (2017－03－14)[2018－05－02]. http://sh. qq. com/a/20170314/026582. htm.

[3] 李元珺. 爱心妈妈坚持5年义务生命教育[EB/OL]. (2014－09－22)[2018－09－07]. news. haedu. cn/gnzl/swcz/093719GxLU. html.

[4] 孟若愚. 上海女性社会组织的发展现状研究[D]. 上海：复旦大学,2013.

[5] 宋杰. 搭个“聪明的生态阳台”战雾霾[EB/OL]. (2015－12－10)[2018－07－03]. http://news. sina. com. cn/c/2015－12－10/doc-ifxmpnqm2989565. shtml.

[6] 孙继伟,莫露蓉. 如何激发员工的“野心”[J]. 企业管理,2018(6):

83－85.

[7] 覃丛丛. 倪欢和她的"绿色光年"行动[EB/OL]. (2017－08－08)[2018－07－01]. http://www.china-sorsa.org/n195/n325/u1ai11768.html.

[8] 张劼颖. 性别与公民社会交叉研究的新领域：研究案例与理论框架[J]. 思想战线，2015，41(6)：62－68.

[9] 周秋光，贺蕃蕃. 中国当代女性慈善公益活动初探[J]. 湖南社会科学，2016(6)：75－79.

[10] BORNSTEIN D. How to change the world: social entrepreneurs and the power of new ideas [M]. Oxford: Oxford University Press, 2007.

[11] DRAYTON W. Everyone a changemaker: social entrepreneurship's ultimate goal [J]. Innovations: Technology, Governance, Globalization, 2006, 1(1): 80－96.

[12] LINDENMEYR A. Public life, private virtues: women in Russian charity, 1762－1914 [J]. Signs: Journal of Women in Culture and Society, 1993, 18(3): 562－591.

[13] XIA Shi. At home in the world: women and charity in Late Qing and Early Republican China [M]. New York: Columbia University Press, 2018.

[14] YANG M H M. Spaces of their own: women's public sphere in transnational China [M]. Minneapolis: University of Minnesota Press, 1999.

后　记

本书源于华东理工大学社会工作硕士实践教育的探索和创新。作为任课教师，我对我国社会工作专业学生的学习经历和教育现状进行了反思，发现他们在专业实习中的不足有：普遍缺少对服务人群的了解和接触，实习经验缺少有效的呈现、总结和传递等。鉴于此，在2017年社会工作硕士实习（一）的课程中，我将原实习中"人群生命故事"模块进行了重新设计，融入了质性研究方法、生命历程理论、访谈技巧等内容。此次实践教育探索获得了华东理工大学社会与公共管理学院院长、教授何雪松的鼎力支持，正是他的支持方使此次社会工作教育实践的创新和探索得以实现及持续。

本书是由我和4位2017级华东理工大学社会工作专业硕士学生共同完成。这4位优秀的、对专业充满热情和思考、持之以恒的社会工作专业硕士学生分别是周海燕（浙江省台州市）、钟艳霞、方雪、周海燕（浙江省温州市）。整个撰写过程历时一年之久。在议题的选择上，我充分尊重学生的兴趣，由她们的兴趣出发，让她们成为专业学习的能动者。在确定被访者的过程中，我们基于质性研究方法，制订筛选标准并整合资源。在访谈的过程中，我们基于生命历程理论制订访谈提纲。每位被访者均自愿参与，并签署了知情同意书。

我们由衷感谢每一位被访者的分享和支持，她们的故事阐释了女性在我国公益事业中绽放的精彩和力量。她们分别是上海闵行区梅陇彩虹妈妈家庭关爱服务中心的张灿红女士[访谈/整理：周海燕（浙江省台州市）]；上海闵行区江川绿色光年环保服务中心的倪欢女士[访谈/整理：周海燕（浙江省台州市）、方雪]；上海馨宁社会工作服务中心的叶雄女士[访谈/整理：周海燕（浙江台州）等四人共同完成]；上海浦东新区慈爱公益服务社的何筱琳女士[访谈/整理：钟艳霞、周海燕（浙江省温州市）]；上海克切拉之家的卢宁女士（访谈/整理：方雪等四人共同完成）；上海闵行区莘庄和普青少年服务中心的周文秀女士（访谈/整理：钟艳霞）；上海星雨家庭服务中心的陈军女士（访谈/整理：钟艳霞）；上海看见爱志愿者服务中心的龚祎女士[访谈/整理：周海燕（浙江省台州市）]；上海浦东新区爱心树生命关爱中心的李淳禛女士[访谈/整理：周海燕（浙江省台州市）、方雪]；上海乐创益公平贸易发展中心的陈乐丛女士[访谈/整理：周海燕（浙江省台州市）、周海燕（浙江省温州市）]。全书由我负责统稿。同时，我们衷心感谢香港大学社会工作及社会行政学系的张艳博士（在读）在审稿时给予我们的宝贵意见。被访者排名不分先后。特此说明。

限于我们的素养和水平，书中不足之处，恳请广大读者指正！

蔡 屹

2018 年 12 月于上海

内容提要

本书记录了上海10位社会组织女性创变者的生命故事。她们的服务领域涵盖禁毒矫正、公平贸易、环保、家庭教育、生命教育、流浪救助等。本书真实地反映了每位被访者创办社会服务机构的经历和自身在公益领域的经验,讲述了各自一路走来的难忘历程,展现了她们对公益的认同与热爱,对自身社会使命的追求与践行。她们的处境、关注与感受未必完全相同,但她们对公益的理解与坚持却有着相近的基调——坚守初衷、坚定信念、投身社会。